THE PRICI
MODEL REVOLUTION

How Pricing Will Change the Way We Sell and Buy On and Offline

反直觉定价

激活赢利潜力的定价策略

［意］达尼洛·扎塔（Danilo Zatta） 著

张旭然 译

中国科学技术出版社

·北京·

The Pricing Model Revolution: How Pricing Will Change the Way We Sell and Buy On and Offline.
Copyright © 2022 by John Wiley & Sons, Inc. All rights reserved.
ISBN 978-1119900573
All Rights Reserved. This translation published under license with the original publisher Wiley & Sons, Inc.
Simplified Chinese translation copyright by China Science and Technology Press Co., Ltd.
北京市版权局著作权合同登记图字：01-2024-0615

图书在版编目（CIP）数据

反直觉定价：激活赢利潜力的定价策略/（意）达尼洛·扎塔(Danilo Zatta) 著；张旭然译 . -- 北京：中国科学技术出版社 , 2025.7. -- ISBN 978-7-5236-1432-7

Ⅰ . F274

中国国家版本馆 CIP 数据核字第 2025GE1609 号

策划编辑	褚福祎	责任编辑	褚福祎
封面设计	创研设	版式设计	蚂蚁设计
责任校对	邓雪梅	责任印制	李晓霖

出　　版	中国科学技术出版社
发　　行	中国科学技术出版社有限公司
地　　址	北京市海淀区中关村南大街 16 号
邮　　编	100081
发行电话	010-62173865
传　　真	010-62173081
网　　址	http://www.cspbooks.com.cn

开　本	880mm×1230mm　1/32
字　数	140 千字
印　张	7
版　次	2025 年 7 月第 1 版
印　次	2025 年 7 月第 1 次印刷
印　刷	大厂回族自治县彩虹印刷有限公司
书　号	ISBN 978-7-5236-1432-7
定　价	79.00 元

（凡购买本社图书，如有缺页、倒页、脱页者，本社销售中心负责调换）

致我的爱妻芭贝特（Babette）和孩子们：娜塔莉（Natalie）、塞巴斯蒂安（Sebastian）和玛丽莱娜（Marilena），是他们让我每天充满活力。

纪念我的母亲安玛丽（Annemarie）——您永存于我心间。

CONTENTS / 目 录

001　引　言

003　第一部分　定价变革
005　第 1 章　赢利优先

019　第二部分　新型赢利方式
021　第 2 章　付费策略
043　第 3 章　订购定价策略
059　第 4 章　基于结果的定价策略
079　第 5 章　心理定价策略
099　第 6 章　动态定价策略
117　第 7 章　人工智能定价策略
133　第 8 章　免费增值模式
151　第 9 章　同情定价策略
165　第 10 章　参与式定价策略
185　第 11 章　神经定价

203　第三部分　如何在市场竞争中胜出
205　第 12 章　新定价模式的成功

INTRODUCTION / 引 言

不要再沉湎于昨日的悲伤，让我们振作起来，创造一个新的明天吧！

——史蒂夫·乔布斯（Steve Jobs）

越来越多的企业高管开始意识到专业价格管理起到的关键作用。定价首先在美国受到重视，然后在欧洲、亚洲和非洲成为首席执行官的首要议程。事实证明，将定价作为首要事项的公司在赢利能力方面往往优于同行。

在当今技术和数据科学进步的背景下，新的生态系统和营销前沿手段层出不穷，这一切正在颠覆旧有的营收模式，加速了本书中所提到的定价模式变革，即以创新的方式来获取公司传递给客户的价值。

开发新的定价模型往往意味着企业收入和利润下降的局面得以扭转，回到赢利增长的轨道上来。相对于坚持旧有交易方式和传统定价手段的企业，运用定价模型的企业将获得竞争优势。

本书的目标是阐明创新性赢利方法为企业提供的众多赢利新途径。在第一部分中，我们会从定价模型的历史和演变开始论述定价变革。在第二部分中，我们将详细介绍其中十种定价手段，遵循三步法的结构：首先，引入案例阐述本章所述方法的实际应用；其次，在背景分析部分，就对应主题进行深入探讨；最后，总结提炼本章重点学习内容。在第三部分中，我们将论述企业如何通过定价变革在市场竞争中胜出。

本书旨在作为灵感来源和集思广益的平台，提供多项真实案例研究、事例以及企业赢利和定价模型示例，以帮助读者找到优化赢利手段的方法。

第一部分

定价变革

1

第1章
赢利优先

评估一家企业成功与否最重要的因素之一便是议价能力。

如果能做到提高价格而不被竞争对手抢走业务，你的生意肯定不错。

但如果连提价一成都没有把握，那你的生意可糟透了。

——沃伦·巴菲特（Warren Buffett）

定价：新的竞争优势

成功的企业（那些获利高于平均水平的企业）已发现定价优势这种新的竞争优势，同时通过创新赢利手段为客户提供价值。

尽管定价已成为强有力的主要利润驱动因素，但在多数企业，定价的作用还远未显现。毕竟定价策略并不能使企业获得全部利润，且在最坏情况下，引入不恰当的定价模型反而会导致客户流失，进而造成利润和收入的损失。

以往企业定价有两种方式："按照过往定价"或"利润+成本"——这些都是过时的模式，当时做买卖纯粹就是为了交易。"一手交钱，一手交货"正是那个年代的口头禅。在当时那种供不应求、客户需求简单、竞争对手同质化、技术应用不普及的市场环境下，此种方法尚属可行，但时至今日已然行不通了，毕竟我们所处的时代也与以往不同，已发生了许多变化。

也有部分企业意识到定价的重要性，但它们或者缺乏优化赢利的系统方案，忽视这些定价杠杆手段（如果将其利用好本可大幅提升利润水平），或者高管层对此方面还不够重视。而成功的企业则将结合创新赢利方法来全面理解顾客感知价值作为首要任务。

这些企业深知价格正是最主要的利润驱动因素之一。

假设一家企业的固定成本为3000万美元，变动成本为6000万美元，销售量为100万件，产品单价为100美元，则所得总利润为1000万美元。我们现在将每项利润驱动因素的数值改进1%，在"收入=单价×数量"或"利润=收入-固定成本-可变成本"的等式下，会得出以下结论：与其他三个因素相比（在同等改进1%的情况下，固定成本变化提升利润3%、销售量变化提升利润4%、变动成本变化提升利润6%），价格的影响因素最显著，促使利润涨幅多达10%（见表1-1）。

成功企业很早便掌握了这一秘诀：定价不仅是有力的杠杆工具，而且效果立竿见影。

表1-1 驱动因素改进1%对利润的影响

（单位：美元）

	初期	改进1%	新总利润	利润涨幅比率
固定成本	30 000 000	29 700 000	10 300 000	3%
销售量	1 000 000	1 010 000	10 400 000	4%
变动成本	60	59.4	10 600 000	6%
单价	100	101	11 000 000	10%

但即使只将成本改进1%，也可能需要大量时间和金钱（例如将工厂转移至成本较低的国家），但从定价上提升1%则可立即实现该赢利目标，且成本非常低（售货架上的数字

价签变更时间短，成本低)。

了解了定价的作用之后，企业便可知道使用何种杠杆工具来提高赢利能力。并不存在单一的价格杠杆，可以利用的杠杆工具有许多（见图1-1），这些杠杆工具可分为以下四类。

第一类与定价策略有关，包括营收模式、定位和差异化策略等方面。此外企业既定的赢利侧重方向亦属此类：首要问题便是企业是否愿意牺牲市场份额来增加利润。仅仅几年前，在汽车行业，这个问题的答案还是否定的，因为销量和市场份额决定着一切，然而时至今日，人们对此问题的看法已发生了巨大变化。

定价策略	价格设定	价格执行	价格导向
营收模式	定价逻辑	条款	价格控制
定位	产品组合定价	执行	价格分析
差异化	产品和服务定价	协商	价格报告

定价驱动因素			
组织	流程	信息技术（IT）	技能

图1-1 定价框架：从定价策略到价格导向

资料来源 霍瓦特公司（Horváth）提供。

第二类与价格设定有关。价格逻辑、产品组合定价以及产品和服务定价是其中的关键方面。以价格逻辑为例，基于企业定价策略的成熟度，从成本加成定价到竞争性定价或价值定价等有数种可能的手段。

第三类与价格执行有关，一旦确定了定价策略并设定了价格，在销售过程中，我们就可以看到价格会从最初的标价转变为最终的交易价格。价格执行，这是第三类工具的精髓所在。举例说明，企业向经销商和分销合作伙伴提供的条款、价格的落地及协商。还有一些企业直接销售或不通过价目表销售（如在项目业务中经营高度定制化产品或服务）——这些情况也都属于第三类。

第四类与价格导向有关，企业需要长期跟进并确保在年底达成赢利目标。为确保此点，价格导向是必需的，价格控制、价格分析和价格报告均在其中发挥着重要作用。

为确保定价决策合理融入企业，并成为企业运营不可或缺的一部分，有一个支持层，称为定价驱动因素。架构清晰的定价组织、明确的定价流程（如与年度价格审计和涨价相关的定价流程）、定价信息技术（IT）支持系统和定价技能均为相关驱动因素。

企业可以采用的定价杠杆工具种类，可参见图1-2中所示的元素，其中显示了它们所造成的典型收益影响。这些要素因行业而异，在单一要素和利润影响方面也各不相同。同样的关键经验也适用于所有行业：为提高赢利能力，企业不能只激活营收方面的单一元素，可选择优化多个定价杠杆工具，各个定价杠杆工具的影响加起来便会在赢利方面产生可观的提升。

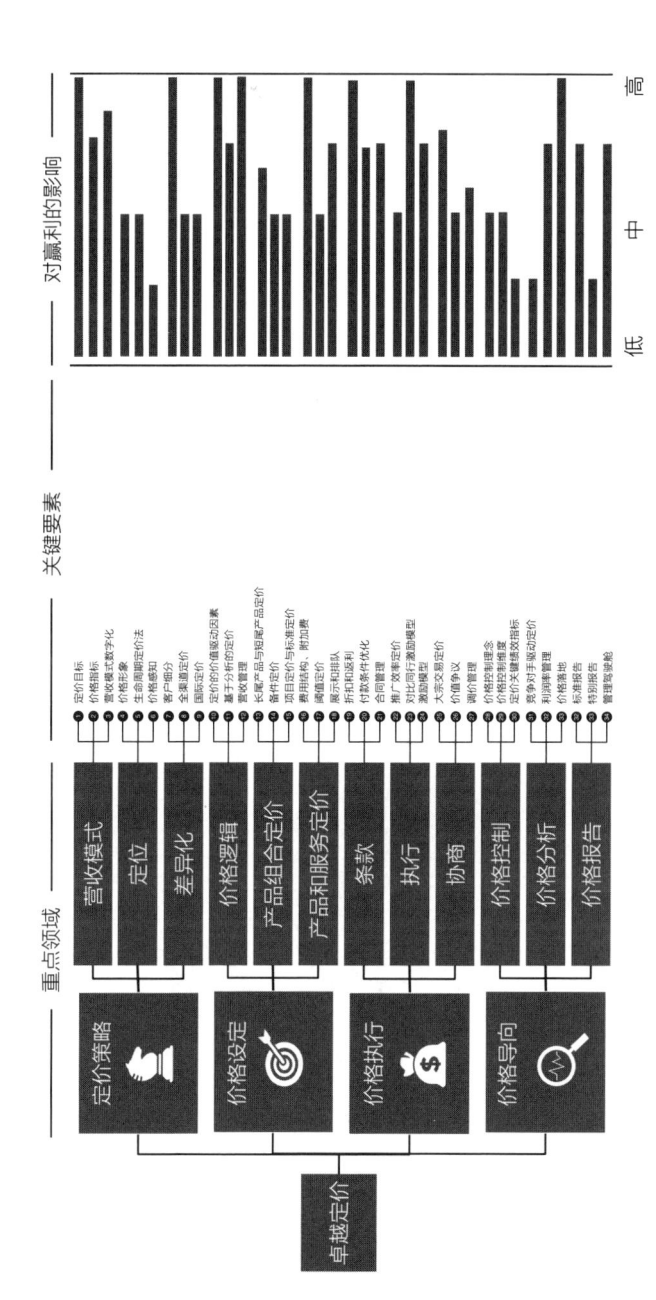

图1-2 定价框架：关键要素及其对赢利的影响

资料来源 霍瓦特公司提供。

定价变革的触发因素

在过去数年中,我们观察到一些企业正在改变赢利手段:最赚钱的公司能够对客户看重的价值进行评估,进而相应调整自身赢利手段,从而持续创造竞争优势。

新冠疫情进一步推动了变革和数字化的发展,为定价和新的营收模式带来可能,而这些障碍在此前似乎不可逾越。

企业从其提供给客户的价值中赢利,而在此基础之上,我们将一些特定要素分为四组:它们是定价变革的加速器(或者说是触发器),如图 1-3 所示。这些要素将持续改变企业从市场中获取价值的方式。

❶ 技术革新
- 数字化
- 云计算
- 物联网
- 自主系统
- 机器人过程自动化
- 增强现实

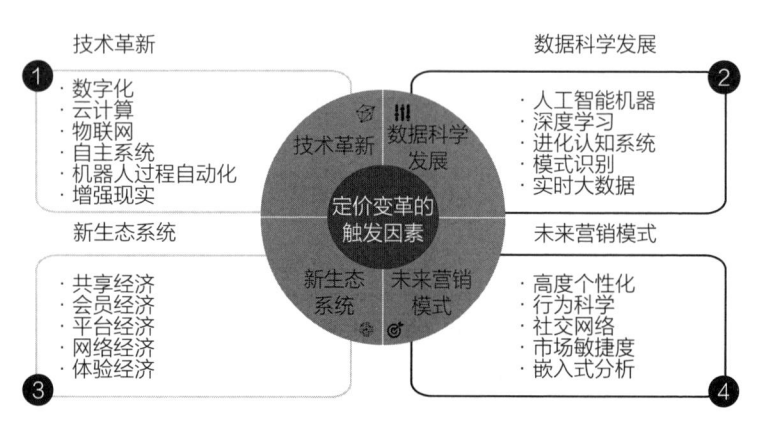

❷ 数据科学发展
- 人工智能机器
- 深度学习
- 进化认知系统
- 模式识别
- 实时大数据

❸ 新生态系统
- 共享经济
- 会员经济
- 平台经济
- 网络经济
- 体验经济

❹ 未来营销模式
- 高度个性化
- 行为科学
- 社交网络
- 市场敏捷度
- 嵌入式分析

图 1-3 定价变革的四个触发因素

技术革新是第一个触发因素,比如数字化、云计算、物联网、自主系统、机器人过程自动化(RPA)或增强现实

（AR）等技术为定价提升至新水平奠定了基础。新的云应用程序或数字定价应用通常是开展以数据为导向的全面价格管理的先决条件。

数据科学发展是第二个触发因素。数据数量和质量的跃升为定价变革创造了新潜力。我们只需看看在海量可用大数据的帮助下，人工智能如何对单品进行实时弹性调整或设计最优折扣，便足以证明此点。仅几年之前，没有人会相信数据科学对当今的定价领域理论能产生如此巨大的影响。

新生态系统是第三个触发因素。以产品共享或重复使用为核心，而非获得其所有权：此种生态系统呼唤全新的定价模型，而这在旧有交易定价体系中本不需要。

未来营销模式是第四个触发因素。高度个性化，随着服务行业营收管理系统的引入而悄然启动，由于技术创新和数据科学发展的完美结合而呈现出新的维度。来自行为科学和市场敏捷度的启发也贡献良多。

这四个触发因素成为定价变革的基础。

定价变革

基于产品所有权的交易模式已成为过去——在许多情况下，这已成为一种相对低级的定价模型。事实证明，新型定价模型更关注使用价值货币化或产品带来的效果，它们更富于创新性,显然效果也更突出。这些新模型的引入使处于危机中的企业得以重塑其赢利模式,消除市场对购买企业产品的抵制,更容易让客户欣然买单。那针对这项最重要利润驱动因素的管理方式是如何改进的呢?

在图1-4中,我们可以看到定价的演变过程。使用基础定价方法的企业最不赚钱。我们发现它们并不存在固定的定价逻辑:同一价格在很长一段时间内保持不变。对于成本加成定价,价格设定完全基于内部推理和计算:在成本上添加目标利润,即可得到既定价格。如果成本结构稳定,则价格很容易被计算出,但此种定价方式同样局限于企业内部视角,而忽视了竞争对手和客户的存在。尽管竞争对手的定价策略确实规划得更为长远,但它也忽略了客户所能"感知"到的价值。价值定价是目前所描述的所有定价方法中最为完善、

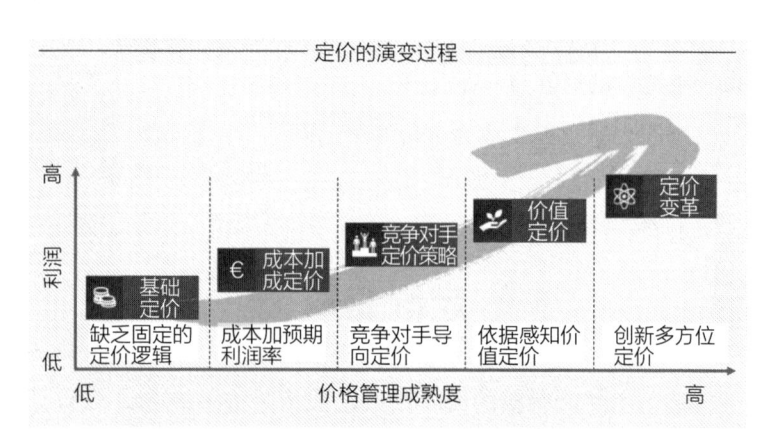

图 1-4 定价的演变过程:从基础定价到定价变革

资料来源 霍瓦特公司提供。

前景也最为广阔的一种。

当处于成熟期时,基于定价成熟度,企业的销售回报率平均增加2%—8%,这通常会带来利润的显著提升。

正是通过定价变革,我们达到了定价的至高境界。

它代表了基于价值的定价方式演变,并由于赢利模式的发展而变得更加复杂,以一种全新方式帮助企业确立稳固的竞争优势。

在本书中,我们列出了10种代表创新赢利手段的方法,在许多情况下,它们正是公司建立竞争优势的重要支柱:

(1)按次付费定价策略。

(2)订购定价策略。

(3)基于结果的定价策略。

(4)心理定价策略。

(5)动态定价策略。

(6)人工智能定价策略。

(7)免费增值模式定价策略。

(8)同情定价策略。

(9)参与式定价策略。

(10)神经定价策略。

这些新型赢利手段并不局限于部分行业或区域,它们无处不在,并将继续发展,不断改变市场交易的游戏规则。它们使客户需求、产品使用和支付意愿等情况一目了然。销售产品现在被视为提供一种服务,而它们的价值被量化为若干指标单位。

定价变革确立了一种战略必要性：新型定价方式已然出现，作为竞争优势的新来源，定价变革不可阻挡。

📋 小结

在所有利润驱动因素（销售量、价格和成本）中，价格因素不仅效果最为突出，而且见效更快、效率更高。

为了通过定价提升赢利能力，企业可以使用多种价格杠杆工具。定价框架将关键杠杆工具分为以下几类：定价策略、价格设定、价格执行和价格导向。

此外，价格驱动因素有助于将定价决策更好地融入企业经营中。

并非只能使用单一杠杆，而是需要采用一系列定价杠杆，它们叠加后所产生的影响通常会带来利润的显著提升，而销售回报率平均提升可达2%—8%。

企业开始着力创新赢利手段，创造可持续的竞争优势，从而引发全方位的定价变革。

定价变革有4个推动因素（也可称作触发因素）：技术革新、数据科学发展、新生态系统及未来营销模式。

代表创新赢利手段的10种要素（在许多情况下，它们是企业建立竞争优势的重要支柱）包括：按次付费定价策略、订购定价策略、基于结果的定价策略、心理定价策略、动态定价策略、人工智能定价策略、免费增值模式定价策略、同情定价策略、参与式定价策略和神经定价策略。

第二部分
新型赢利方式

2

第 2 章

付费策略

……你要试着去看清真相……
改变的不是汤匙,而是你自己。

——电影《黑客帝国》(*The Matrix*)台词

经典案例

现在请你想象自己是一家高档家用电器制造企业的首席执行官。该企业是一个溢价利基市场中的全球龙头企业，通常向大型B2B（企业对企业）客户销售产品，因为这些客户往往可负担高价产品。

一开始，鉴于产品的战略定位，企业的业务增长明显，同时还在寻找新的市场。企业领导层判定小型酒吧和餐馆是可能扩大营收的新领域。然而市场溢价已经处于饱和，不可能要求定更高的价格。根据"按次付费"的观点，这是一种观念上的障碍。有点像电影《黑客帝国》中的那个孩子，他对主角尼奥（Neo）说："别试着折弯汤匙，那是不可能的。你要试着去看清真相……汤匙本不存在，改变的不是汤匙，而是你自己。"按次付费也是出于同样的理念，改变市场是不可能的，相反，为了融入市场，我们最好调整自身的策略，然后便会注意到一个简单的事实：现有的定价模式已变成增长的障碍。这便是为何我们必须下决心打破那种基于所有权的传统定价逻辑，转而寻求一种全新的获客方式的原因。

德国温特豪德集团（Winterhalter）便是这样做的，该企业是全球高质量商用洗碗机领域的龙头企业，正是这家公司当时推出了按次付费的洗碗机。

正如温特豪德集团首席执行官拉尔夫·温特豪德（Ralph Winterhalter）所说，企业采用一种全新的定价方法：只需在使用洗碗机时付钱，这对于露天啤酒店、山区度假酒店、海滨酒吧等依赖季节性工作的店来说尤为重要，这些地方的洗碗机不会一年四季一直使用。"客户们怎么会花钱买一台一年中有半年都用不到的洗碗机？"拉尔夫·温特豪德这样问自己。

为此，公司启动新一代解决方案项目，利用最新数字技术，将商业洗碗服务引入新的餐饮业务领域，而根据传统经验，该行业的企业本来无法负担这样的服务产品。

这项新服务通过强调排他性产生了双重效果。客户不仅因为少付钱而获得满足感，而且客观上这个过程也变得更加高效，也更可持续，同时从心理学的角度来看，这传达出一个信息：公司所提供的服务已升级至"冠军品质"。

温特豪德集团实行新定价模式的目标是提供优质洗碗服务，不受客户预算影响，换言之，新模式的优势在于无须初始投资并能确保运营过程零风险。

洗碗机基于使用计价，按洗涤周期计算，清洁和其他产品的费用均包含在内，另外售后服务（如维修维护）的费用也涵盖其中。

此外，客户可选择随时终止与温特豪德公司的合同关系，而无须承担任何义务，这为客户提供了最大的灵活度。

温特豪德公司的案例恰恰说明了"按次付费"模式的含

义：客户可在需要时使用相关设备商品，而无须受设备所有权束缚，也无须在这些宝贵资产闲置期间负担费用。此外，他们可以根据自身情况动态调整使用模式，扩大或缩小规模，以适应各种情况和未来不可预见的需求，如需求偏好、财务状况、使用环境和其他因素的变化等。

在不要求资产所有权的情况下，客户可以将更多时间和资源用于产品的高效利用（而非安装、维护和更新升级）；此外他们还可以很快使用该产品。当今分销渠道发展日趋快捷，而且在许多情况下都是通过数字化渠道实现的。

案例分析

"根据使用定价"是"按次付费"模式的精髓。

此种方法的优势在于能够打破购买壁垒，扩大市场潜力，为企业指明发展方向，通过创新现有模式来开展业务。

"按次付费"模式一旦创建，便决定了客户使用产品或服务的清晰愿景。这会使企业更深入地了解如何更好地为客户提供价值，根据更广泛的客户群体需求改进产品，并为实现增长搭建支持平台。

这些都为进行更准确预测、价值提炼，同时在某些情况下调整产品研发以更好满足市场需求提供了可能。

尽管基于使用的定价理念并不新鲜，不同行业的众多公司也都采用此种方式（见表2-1），然而安装按次付费传感器等的成本令人望而却步。

不过，随着数字化、大数据和人工智能的发展，按需获客模式已经变得可行。

技术进步（高速互联网）、微芯片[1]价格的下降和云计算能力的扩展，以及对B2C（企业对客户）和B2B业务的监控和计价，使这项服务在经济层面上变得可持续。

表2-1 已引入按次付费模式的公司

公司	产品	服务	定价模型
温特豪德	家用电器	新一代解决方案	按洗涤次数付费
劳斯莱斯	航空发动机	Care 总数	按飞行小时
阿特拉斯·科普柯	压缩空气	空气计划	按立方米付费
吉普卡	出行	共享租车	按小时付费
亚马逊网络服务	IT 服务	云计算	按吉字节（GB）付费
米其林	轮胎	Michelle Effitires[2]	按英里[3] 付费
萨摩亚航空	航空运输	单内报价	按千克付费

这些发展都有利于"按次付费"模式的普及，通过降低低使用率客户实物资产相关的初始成本，来挖掘客户潜在的需求。

---

[1] 微芯片，采用微电子技术制成的集成电路芯片。——译者注
[2] 米其林为车队所有轮胎提供系统检测管理维护的解决方案。——译者注
[3] 1英里约为1.61千米。——编者注

这引发了市场扩张：使用非传统定价模型，使原本没有机会接触产品或无意购买产品的新客户群体能够负担得起该产品的使用成本。

还有更多。

与"传统"所有权概念相比，此种模式与产品较短的生命周期相结合，产生了对低风险、灵活性、可扩展性等的进一步需求。

产品本身及产品使用的定价（一致性）可从根本上颠覆和转变公司的产业结构和产品上市策略。现有和潜在客户都会重新考虑产品的使用方式、使用地点和使用时间。企业只需按需提供产品，少量增加生产，同时无须使用大量初始投资便可吸引更多潜在买家。

为释放市场潜在需求，"按次付费"模式逐渐更多地被全球企业采用：按洗涤次数付费、按乘车次数付费、按清洁平方米数付费、按锻炼次数付费、按处理量付费或按英里付费只是"按需定价"的开始。

让我们来仔细研究一下此类模式的应用。

按清洁平方米数付费

一般来说，设施管理运营商（此处为清洁公司）传统上采用固定定价模式。

它们可为每栋建筑提供固定价格的清洁服务：在规定时间段内定期清洁其中全部空间。这也是一般的惯例。

但这个行业也经历了新定价模式的出现，如预测每平方米清洁费用的系统。

设施管理公司正改变其营收模式。新技术正在彻底改变设施管理，使流程更为高效。没有必要清洁闲置的办公室。传感器可提醒操作员哪些办公室被使用过，哪些还没有被使用过。一套完整的设备和清洁剂可直接计算每平方米的清洁价格，这也让设施管理人员的工作更为轻松。这样机器只会对那些已使用过的办公室进行清洁，并按清洁面积支付费用，同时提高清洁效率并优化清洁流程。

卡赫集团（Kärcher）是一家德国家族企业，已成为全球清洁技术领域龙头，在60个国家和地区拥有100家子公司，并引入了创新定价模式。他们称此种模式为"按需清洁"。

按单次锻炼付费

每次去健身房注册时，我们都会乐观地想："这次我要每天锻炼。"和往常一样，我们再次高估了自己。然后，像往常一样，在开始的前一周我们会大肆消费：配齐全套运动装备。但在之后的日子里可能因为种种突发原因放弃锻炼。

无须多言，你只能告别曾经的美好愿望，包括通过锻炼来练出纤细腰部和完美腹肌，所以其实你适合的是"按锻炼次数付费"或"按需健身"。此种基于使用次数而非按月付费的付款方式将你的健身注册费用与实际使用情况联系了起来。

技术进步使这种定价模式成为可能。下面我们来看一下它的工作原理。

近场通信技术是两种电子设备（例如智能手机和健身器材）通信协议的组合，允许用户直接在他们用于锻炼的设备上登录。

健身者按使用设备时间付费。

健身房入会免费，不收取会费，参加健身计划的人可随时开始或停止。

如今，越来越多的健身器械配备了某种形式的内置短程通信功能，如让那些在健身房入会的人遵循自己的训练计划进行锻炼，这意味着应用此种定价方式的时机已然成熟。

一方面，原有服务价目表为那些很少锻炼的人提供了一种选择，从而减少浪费；另一方面，健身房设法吸引了另一类更包容的顾客，他们对相对较高的价格并不那么敏感。

通过此种方式，健身房还可确定对某些器械的需求，这些机器可通过峰时定价持续使用，当人们因为没有时间等待，要求立即使用健身器械，因此愿意为使用特定器械支付费用时，便可获得峰时定价。

此种定价模型为健身房经营者开辟了需求管理的新视野：他们可在非高峰时段降低价格，平衡一周内的器械使用率，避免过度拥挤。此外，通过此种方式，健身房经营者还可立即了解哪些器械最受欢迎以及器械的使用强度。这使得健身房经营者能够调整设备范围，例如通过购买更多受欢迎的健身器械，保持维护，甚至可根据健身器械的使用负荷开展有针对性的营销活动。

一些健身房经营者可能担心自家健身器械出现"蚕食效应"，即当会员因会费制不适合转而选择单次付费时，健身房的营收反而会相应减少。但在大城市中有众多健身房相互竞争，月度会费制的替代方案便可能成为判定企业吸引力的有力手段。

为精密技术买单

根据产品或服务用途调整定价可满足客户的一些需求。无论是灵活度还是增长率，这使得企业有必要根据市场的起伏波动来调整自身经营方针及其他不可预见的因素。

至少从全球金融危机（始于2007年美国次贷危机）爆发以来，在经济学领域，要设法减少此种负面影响是不可能的，就客户的成本而言，企业必须单独购买所需基础设施来满足客户需求。

欧洲航天局的盖亚计划（Gaia Programme）[1]便是一个很好

---

① 欧洲航天局的银河系探测计划。——译者注

的例子。

这一计划的产生是为实现一个雄心勃勃的目标：绘制目前范围最广、精度最高的 3D 银河系地图。

这项为人称道的冒险计划得以成功的前提是对超过 10 亿颗恒星进行精密卫星观测。为构建足以支持处理此类数据的能力所需的投资预估超过 180 万美元。尽管如此，该机构每 6 个月也仅需这一特殊功能维持两周。

为处理这一庞大数据集，欧洲航天局选择向亚马逊网络服务（Amazon Web Services）支付 6 年的具体工作费用，对大约 10 亿颗恒星进行观测，结果实际支出不到项目预算的一半。

通过"按次付费"的方式，计划出售的产品（因为它们对基础设施至关重要）被"重新定位"为服务。

亚马逊网络服务亦是如此，该服务为个人、企业和公共机构提供云计算定制服务，依据传输吉字节数收费。

按里程付费

按使用情况定价对于那些低频或偶尔使用某产品的客户来说是一项福音。

保险业也同样如此。在技术进步的帮助下，开发能够连接至汽车端口以监测汽车行驶千米数的小型无线设备的成本已可忽略不计。因此保险公司向客户提供基于千米数计算的车险，这成为一项颇为经济的提议，使得偶尔驾驶的人也恰恰能够在使用车辆时享受全额保险：保费平均可节省约47%。

应该指出的是，一般来说，所有"按需定价"模式都应允许更高程度的知情选择，客户可测试产品、了解产品用途，而无须支付高昂的初始费用。

另一个"按里程"付费的例子来自轮胎制造龙头企业米其林（Michelin）。在开发出商用车新型轮胎，并声称比竞争对手轮胎寿命长25%之后，公司也意识到不能将价格直接提高25%，销售部门也建议无须按比例提价。

在此种契机下，米其林公司开始重新审视自身赢利模式：为何不将轮胎的性能与其价格挂钩呢？从"按轮胎收费"模式向"按里程收费"模式的转变，这涉及一种经典的"按次付费"模式，该模式通过直接内置于车辆的GPS技术实现，在此种模式下，技术创新的全部附加值均可转化为赢利。在此种情况下，轮胎使用的时间越长，米其林的营收就越多。

随着时间推移，米其林继续向前迈进：如今公司已可为各行业企业提供完整解决方案，包括机动车千米数模型、记录航空公司飞机着陆次数和采矿运输领域的运输吨数等。

米其林已从一家专门轮胎供应商转变为"移动服务提供商"，提供一系列关键远程信息服务和车队管理解决方案。这使得抓牢客户成为可能。

按小时付费

"按次付费"模式仍会令一些大型企业感到困惑,原因在于以下问题:产品的相对成本、购买周期、现有和潜在客户数量,以及做出转变所需付出的成本。

在20世纪80年代中期,劳斯莱斯和通用电气(General Electric)公司相继在喷气式发动机市场上推出"按小时供能"模式。

在"按小时供能"模式下,客户(航空公司或航空旅行运营商)为喷气式发动机的实际运行时间和使用付费。

尽管此种模式现在很难被称为"新型"按需付费模式,但它有一个很大的优点,即更多地依据使用情况而非销量情况来调整价格。

"按小时供能"实际上不算是很大的挑战(事实上多数龙头企业均设法在其各个部门采用此种模式),而其原因恰恰在于,在一个不久前尚未得到很好服务的市场上,客户群体相对较为集中。

每一次市场挑战均会衍生出一个新领域。

在那些客户群体激增的市场上,"按需付费"定价模式往往会形成变革,而航空业由于监管原因和相当高的市场进入门槛,增长速度反不如其他规模更大、参与者更多、进入门槛更低的行业。

另一个按时间付费的案例(此处特指小时)来自美国汽

车共享公司吉普卡（Zipcar）：按汽车使用总小时数付费。客户为此支付固定费用的情况并不少见。尽管如此，这笔费用也往往比客户的购车价格低得多。在吉普卡公司的案例中，客户每年支付 60 美元的费用使用租车服务，同时每小时支付的租车费用为最高 8 美元。

按压缩空气立方米付费

即使是一家历史悠久、国内规模最大、国际领先的企业，也可采用新定价方法和创新赢利手段，以巩固自身竞争优势。

领先的压缩机生产商——瑞典公司阿特拉斯·科普柯（Atlas Copco）便属于此种情况。

凭借其新的空气计划（AIRPlan）产品，该公司实际上是在向客户保证可放心使用公司设备。通过 AIRPlan，用户可获得所需的压缩空气，并根据消耗量来支付费用。

在介绍该付费模式时，阿特拉斯·科普柯公司间接地进行宣传：

这和购买压缩机有什么区别？购买压缩空气设备会对您的固定资产成本产生重大影响。除投资成本外，还必须考虑许多其他成本：管理和资本成本、运输和安装成本等。使用 AIRPlan，您无须购买任何资产。购买压缩空气相关成本均属于运营成本。您可腾出现金用于其他投资，为您带来新的商机。

基于空气立方米消耗量的付费模式也是如此。

阿特拉斯·科普柯公司开始转变定价方式，交易准则完全基于以下观点：如果设备生产商专注于生产设备而非所有供应链下游活动（如与客户联系、协助分销商和零售商），那么公司将更具竞争力。

尽管如此，阿特拉斯·科普柯公司决定专注于优质服务及与客户的直接互动，而非通过分销商。这意味着搭建一个由销售人员和技术助理组成的直接网络，他们将通过全球客户中心基础设施运作，从长远来看，公司逐步将间接渠道转变为直接渠道：阿特拉斯·科普柯集团压缩机事业部前总裁罗尼·莱滕（Ronnie Leten）在一次采访中讲述了公司创业史，他强调："我们希望确保客户关系得到很好的维护，这样一来，在交付链方面，我们基本依赖与供应商的合作，而我们的下游业务模式或多或少与客户相关。此种与客户的'密切联系'与竞争对手的做法形成鲜明对比，他们的集成业务模式并非那么超前，而是通过分销渠道来运作。"

一旦分支机构的基础设施投入运营，服务业务便开始在客户需求驱动下增长。

只要客户需要，阿特拉斯·科普柯公司便可给出解决方案。

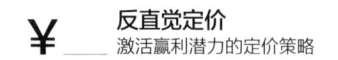

尤其是在一开始，需求只是需要简单的交易辅助服务，但与其他一切一样，需求的演变反过来又激励公司扩大服务范围。

这是好想法的良性循环，如同文化、知识和好的措施一样，当与许多人分享时，它们的价值并不会减少，反而会增加。

通过这种类型的赢利模式所获得的另一个方面价值可能更难量化，但同样有形。

对于阿特拉斯·科普柯公司而言，与客户建立更紧密的关系意味着要持续面对客户不断变化的需求。反过来，对企业来说，与客户保持定期联系意味着企业可优先预估客户潜在的产品或服务需求。因此在业务实践中，结合持续创新，对客户的深入了解阻止了竞争对手的干预。这是实现从"以产品为中心"的业务到"以客户为中心"的完美转型的众多示例之一，同时企业通过自身竞争优势提供的"保护网"来巩固自身竞争优势地位。

按重量付款

在航空旅行中，机票价格传统上是依据人数来定的，但通常会依据年龄、地位或类似标准而有所区别。

波利尼西亚地区公司萨摩亚航空（Samoa Airways）提出

了完全不同的定价标准。

公司根据乘客体重定价（按千克计价），单位价格依据航线长短而有所不同。

萨摩亚航空公司机票价格为每千克 1—4.16 美元不等。乘客按照自身体重与行李重量之和付费。

例如，从萨摩亚飞往法莱奥洛机场（Faleolo）的航班每千克体重收费约为 1 美元。

萨摩亚人口超重率全球第三，远高于美国，所以此种定价标准是理所当然的选择；尽管有些人可能会感觉其中存在歧视意味，但实际上这是符合用户个性化的合理举措。

萨摩亚航空公司首席执行官克里斯·兰顿（Chris Langton）是这一定价标准的最热心推动者。他补充道："按千克计费，是多少千克就是多少千克，飞机越小，乘客间的重量差异幅度便越小。更重要的是，人们普遍比 50 年前体重更重、身高更高。"

在新的定价模式下，部分带儿童出行的家庭实际的机票费用会有所减少。

该模式自有其逻辑。

毕竟乘客的体重才是实际的成本因素，而非年龄或身份。

公司将这背后的逻辑进行延展，根据相同指标来校准系统，以便更好实现管理。既然货运按千克数计费，客运不也应如此吗？这正是萨摩亚航空公司管理层思考的问题。

克里斯·兰顿表示，此举还有助于提高萨摩亚群岛居民对自身健康状况的认识。萨摩亚是世界上肥胖率最高的国家之一：联合国 2021 年发布的一份报告显示，萨摩亚 84.7% 的人口属于超重范畴。换算成数字可能更为明了：在全国大约 20 万居民中，只有 3.1 万人体重属于正常范畴。

尽管如此，目前此种定价模式只是阶段性试点，或许是出于对其中可能蕴含歧视性意味的考量。但现在正在发生的事情是，一些美国航空公司要求严重超重的乘客在航班满员情况下购买两人份机票。

应用和局限

随着技术进步，在产品或服务可迅速交付给客户的市场中，"按使用付费"定价模式的可行性和吸引力将会增加。

人工智能、自主学习、互联互通和集成数据分析的运用使提供服务和产品的企业能够更深入地了解客户何时、何地以及如何使用企业提供的产品和服务。

这些技术可分析生成更多深层次信息，促进企业对先前的产品或服务进行进一步研发，以满足客户需求。同时，与购买产品相比，客户可从更为直接和个性化的体验中受益。

市场中此种趋势的发展对老牌企业来说是一项挑战，他们希望在确保营收的情况下保护自身传统客户群体，并进而思考营销的基本假设：客户喜欢什么，以及应如何提供此种价值。

通常来说，业务趋于饱和的企业不愿采用基于使用的业务模式。企业希望规避客户最初购买产品所产生的营收被逐步蚕食的风险。此外，企业需要调整自身的销售导向——需采取多种激励措施（而不仅是提升销量）。

在传统模式中，企业根据销售、支持和分销资源及对客户大规模采购的预期进行了相应优化，而这些调整并不支持"按需付费"模式。

此外，采用基于使用情况的动态定价模型可能会损害与已购买企业产品的客户的关系。对于多年来一直以向有限市场销售高成本资产和服务作为根基的企业来说，此种模式挑战了它们关于"客户是谁"以及"客户需要什么"的基本营销假设。

所谓的老牌企业是指在某一特定细分市场的先驱。它们自视甚高，而这也是因为其有着长年积累。除此之外，这些企业拥有忠实的客户群体，其品牌已然在市场确立，多年来也与其他企业建立起关系网络及物流网络等。这一切都导致老牌企业对变革怀有敌意，它们对行业的了解也非常有限。

然而，这些企业的管理层提出的问题往往是相同的，场景变了，人还是一样："如果我们过去的成功是因为将复杂的产品以高价卖给了大客户，那我们为何要改变策略，转而将产品以出人意料的低价卖给小客户呢？"

对许多企业来说，即使自身主营产品基本保持不变，从传统定价模式过渡到基于使用情况的定价模型也并不容易。随着为多种产品提供动态按需付费模式的出现，B2C 和 B2B 客户越发开始期待服务范围的广泛性和差异化。

在客户使用产品情况呈现出动态、不稳定、不可预测特征的市场上，对于初始购买价格较高的产品，采用"按需付费"模式至关重要，这也适用于昂贵的技术类产品，以及快速变化的客户偏好，以及那些客户偶尔使用或周期性使用的产品。

在 B2C 汽车、保险业务或高端时尚业务中，我们已开始在基础设施或要求较低的产品领域推广"按需付费"服务。终端用户可以购买里程而非整辆汽车；也可购买针对工作的保险，而不用每年度预付保费；为参加宴会租用服装，而非购买一件衣服穿一辈子。B2B 领域也是如此，企业已依靠基于云技术的产品来应对日益增长、变化多端的需求。

尽管如此，"按需付费"模式尚存在一定局限性：需求持续的低成本实物资产是最不受欢迎的。高档跑鞋便是一个典型的例子。这样的产品可能会继续以传统方式出售，因为难以按要求交付，产品使用几次后品质便会迅速下降，而且不方便共享使用，这也是可以理解的。

采用以"使用为导向"的定价模式（如按洗涤次数付费）的另一个障碍是不能为企业提供稳定的资金来源。然而尽管并非所有企业都能负担得起相应的成本，但在支付佣金后，许多信贷机构已准备好为此提供资金支持。

尽管基于使用情况的定价模式可通过许多领域内的交易行为创新来实现,但也有一些正面的例外情况证实了这样一个规律:此种情况主要发生在喷气发动机行业,该行业在未受过多干扰情况下转变为基于使用情况的定价模式,部分原因是市场进入壁垒阻止了新企业进入该市场,而对客户和供应商而言都存在。

尽管我们已讨论了一些限制和障碍,但可从中得出结论,对于此种从传统定价模型(基于所购买资产所有权)到将价值货币化置于其营收模型核心的转变,在企业间存在较大差异的行业中运营的企业可从中获益:这些定价模型的创新性和创造力最大限度地运用了技术和数字解决方案,使其有可能通过消除购买阻力和吸引新客户来确立竞争优势。

小结

"按需付费"(或基于使用情况付费)指依据产品或服务实际使用情况向供应商支付费用。

与通常赋予消费者在有限时间内完全使用权的租赁形式相比,基于使用情况付费将付费与客户对产品的使用方式紧密联系在一起。

这使得"按需付费"对那些不经常使用产品的消费者更具吸引力。"按需付费"模式使客户获取优质资源成为可能,而无须负担高昂费用。

随着云计算、技术进步及数据管理的快速发展,"按需付费"模式已在许多领域得到普及。有关美国国内电气产品领域温特豪德集团的案例、航空发动机领域劳斯莱斯以及通用电气公司的案例、压缩空气领域阿特拉斯·科普柯公司的案例,以及吉普卡公司在出行领域的案例,这些只是"按需付费"模式众多应用领域中的一部分。

基于使用情况付费的定价模型的引入可能出于不同原因:企业需要更多灵活性、维持现金流、提升性价比、提升客户满意度或出于避免所有权纠纷的考量等。

如果运用得当,它们可帮助消除购买障碍,并可更加精确地将提供给客户的价值转化为赢利。采用基于使用情况付费的创新企业可从规模经济中获益,甚至还可从仅出售产品的企业那里赢回可观的市场份额。

第 3 章
订购定价策略

客户群体是新的增长引擎。

——山塔努·纳拉延（Shantanu Narayen），奥多比公司（Adobe）首席执行官

经典案例

一张照片上,黎明时分,阳光投射在压力机上。灰尘通过巨大的窗户飘进来,这里迟早要被打扫干净。

1932年,《纽约先驱论坛报》(New York Herald Tribune's)周日增刊刊登了另一张标志性的照片,题为《摩天大楼上的午餐》(Lunch Atop a Skyscraper),摄于纽约洛克菲勒中心[①](Rockefeller Center),11名工人正在悬挂于城市上空百米左右的金属梁上吃午餐。

这些照片显示出尽管当时正处于"大萧条"(the Great Depression)时期,但人们仍继续勇往直前。

同样,若想摆脱21世纪初爆发的金融和经济生态双重危机,我们还需要另一个标志性形象,作为未来和希望的关键象征。

现在让我们设想成为一家机床制造领域的全球龙头企业。

企业销售印刷机(所谓的单张纸平板胶印机)销往世界各地的绘图公司。

---

① 1986年更名为GE大楼。——编者注

170多年来，我们一直以高价销售这些产品。

但随着时间的推移，意识到全球趋势所在，我们决定改变自身定价模式，并非出于慈善目的，而是基于纯粹的务实思维。我们转向赢利创新。

下面有一些建议。接下来我们用一个例子来阐述我们的想法。这会在未来某个时刻变为现实，目前的业务实践预见到了某些解决方案的产生。

企业可向主要客户提供以下优惠：无须购买昂贵的机器，而是提供统一费率让机器做一定量的工作。

客户仅需每月支付10万美元，企业将机器安装于客户工厂内。此种订购模式也可通过大数据进行维护和管理。如果客户产出超过预定数量，则可延长订购周期。

这是海德堡印刷机械公司在"海德堡订购"服务下的真实案例。

传媒公司迈出了第一步，随后是软件公司。

真正重要的东西，肉眼是看不见的。这就是时间。

今天我们知道一切都是周而复始的，四季的边界已然消失，我们需要逐渐对此加以适应。"强者为王"的丛林法则已然过时，时至今日，最先适应环境的人才能成为赢家。

对于投资者和企业家而言，没有什么比遵守"定期消费和服务消费"更可取的了，换言之，这便是订购。

这便是为何海德堡公司订购模式（Heidelberg Subscription）被认为是"双赢"的解决方案，对于客户和生产商均是如此：

客户不再需要承受高昂的固定成本或应对必须投入相关成本的压力。从海德堡公司的角度来看，客户甚至还节约了成本。

对海德堡公司来说，订购模式是解决"不稳定"这一市场顽疾的灵丹妙药，使企业得以销售更多产品和服务，从而提高公司利润率，同时使其独立于随机的上下周期。

海德堡公司还相信自己可比一家印刷公司更为有效地管理机器：借助自身的云技术，通过管理多达15 000台机器，公司可获得海量高质量数据，这些数据影响了产品的优化管理模式。

此外，有关产品方面，公司还可获得数量折扣的好处：客户订购数量越多，海德堡公司的营收便越多。

这家德国龙头企业的管理目标便是通过订购模式来提升营业额和利润率。

海德堡公司的参考对象是那些已凭借订购模式创造巨额财富的科技公司。

大约10年前，在软件领域，我们观察到基于云技术的订购付费服务逐渐开始普及。

如今，"软件即服务"业务营业额超过千亿美元，占到全球软件生产商营业额的三分之一以上，而且还在不断增长[据市场研究机构高德纳（Gardner）公司估计，其年增长率可达20%]。

通过采用此种模式，微软首席执行官萨提亚·纳德拉（Satya Nardella)成功刷新全球最有价值公司的纪录。

案例分析

B2C 领域的订购模式

私人用户连续购买的趋势在数字消费主义领域很普遍，并且在新冠疫情期间获得更快发展。流媒体领域企业在这一时期经历了快速、重大的发展。

对于媒体公司和游戏开发商来说情况也是如此。

乔布斯离职后继任苹果公司负责人的蒂姆·库克（Tim Cook）的意图十分明确，除音乐订阅之外，他还打算通过电影、游戏和新闻订阅模式来实现新的营收。

日常用品的订购服务已然开始，宝洁公司提供帮宝适尿布和吉列剃须刀片的订购服务，如同其市场劲敌美元剃须俱乐部（Dollar Shave Club）一样。在实行咖啡机和胶囊月度订购服务的企业中，我们发现了雀巢的身影。其他各类商品也是如此。

轮胎可按使用次数付费，例如对 B2B 客户按行驶数出售，但面向 B2C 客户也可按订购数出售。总部设于伦敦和迪拜的跨国轮胎公司詹妮氏（Zenises）最近推出了世界上最昂贵的轮胎，一套 4 个轮胎价格为 60 万美元，进入吉尼斯世界纪录，该公司最近已为欧洲地区 B2C 客户推出了轮胎订购服务。

下面是詹妮氏公司首席执行官哈里夫·坎达里（Haarjeev Kandhari）就公司新型轮胎订购业务车城人（Cartyzen）的介绍：

该服务目前由阿鲁扎X（Alzura X）及其在德国的600家合作商店提供。该模型基于用户在需要服务时支付的小额费用：每月仅需4.99欧元即可支付所有新轮胎相关费用。一切通过Cartyzen在线平台完成，该平台根据客户提供服务和解决方案，同时收集有关用户偏好的一般信息。Cartyzen平台提供保修服务，无论已行驶多少里程，在胎面磨损、刺破或意外损坏情况下都可以更换轮胎，以提升客户满意度。詹妮氏是世界上第一家提供此类轮胎订购服务的公司，我们将继续开拓创新轮胎销售模式。

在欧洲地区，家庭平均每月花费130美元，约占家庭预算的5%用于家庭开支，如订阅音乐、视频、软件和游戏等内容，以及购买新鲜水果、咖啡或美容产品。

订购趋势的流行当然并不是什么新鲜事（尤其是在媒体领域），但由于新冠疫情和数字化的影响，这一领域已实现显著快速增长。

2021年，全球订购业务总值达到7000亿美元，到2027年，这一数字将增加两倍，增至21 000万亿美元。

新冠疫情也促使英国电子商务技术公司奥卡多公司（Ocado）和莫里森超市（Morrisons）等零售商推出订购付费方式。在意大利，食品生产商百味来（Barilla）、意利咖啡（Illy）等公司也提供此类服务。如百味来推出了"百味来厨房"套餐，月收费约40美元，公司直接将一个盒子寄到客户家中，每次包含 9 份半成品，均是从众多可选食谱中精挑细选出来的。每份半成品至少能做成二人份餐品。要准备配方，只需将底座放入正确的"智能"烤箱中，烤箱也包含在订购服务中（提供给客户使用并直接送货上门）。

订购模式也在其他领域取得进展，如汽车行业。

宝马（BMW）、梅赛德斯（Mercedes）和保时捷（Porsche）在某些城市或经销商处提供订购服务。保时捷在北美提供"保时捷通行证"（Porsche Passport）订购服务，其中包括每月 3000 美元的车险、税收、维护费和轮胎更换费用。公司还允许用户根据需要更换车型。特别是对于保时捷 911 车型，欧洲地区用户每月支付 1899 美元的费用。

沃尔沃是该领域最积极的汽车生产商之一。用户关怀计划为公司贡献多达 50% 的营业额。

订购模式明显区别于出租或租赁。

这与使用延期融资工具鼓励客户购买高额产品无关。

订购模式的目标是与多数情况下并无售后联系的客户建立持久联系。

此种连接（通常是数字连接）使企业了解订购客户并有针对性地提供附加服务成为可能，如宝马提供支持语音控制的数字个人助理服务，可帮助司机寻找停车位、播放喜爱歌曲列表或朗读电子邮件。订阅宝马的"你好宝马"服务选项费用可达 379 美元，这对公司来说颇具吸引力。

此种模式使得营业额提升成为可能。就此事，订购服务先驱 Adobe 首席执行官山塔努·纳拉延总结如下:"客户群体是新的增长引擎。"

B2B 业务订购模式

订购也为制造企业提供了巨大潜力。

如果是出售产品客户购买的情况:这将带来一笔资本支出,以抵消客户手中资产的全部收购权(也包括附带的相关问题)。与此相对,如果是提供一项服务,这也是可行的:此种模式代表着经济-金融通道和管理通道,以及从拥有产品所有权到以被动"按需付费"方式获得产品使用权的转变。像海德堡公司这样的订购模式可走得更远,公司通过定期付款与客户积极维持长期关系。此外,公司还将与产品或服务相关的全部问题外包给生产商,如图 3-1 所示。

区分要素	产品	服务	订购
定价模型	所有权	反应式,按需	主动,阻止需求
成功因素	需要时第一时间想到		持续提升体验
客户的观点	我会自己解决问题	你来解决我的问题	我不想这里出现任何问题
服务重点	资本支出	计划外运营支出	计划运营支出
数据交换	单品-销售期间	若干,根据使用情况	持续

图 3-1 产品、服务和订购三者间的差异

反直觉定价
激活赢利潜力的定价策略

许多企业已开始通过物联网（IoT）将机器或家用电器设备互连互通，生成数百万 GB 的数据。尽管如此，数据使用通常较为有限。在理想情况下，企业提供远程维护合同，从而可节省部分技术人员成本。

根据管理咨询公司霍瓦特近期的一项研究显示，只有 5% 的公司证明可通过此类服务赢利，目前还缺乏能够通过服务获利的商业模式。这便是为何制造企业内部需要新型定价模式的原因：在模拟世界中，企业可将产品充分完善，直至适合各种环境，即使通过提供客户并未要求的产品和选项，随着数字连接技术的运用，商品的实际使用情况可精确到各种细节。此种价值创造并非该领域众多企业关注的焦点。正如同空气滤清器行业全球龙头企业曼·胡默尔集团（Mann Hummel）的情况一样。

2018 年在美国市场，曼·胡默尔集团凭借订购服务实现进入市场。

每月仅需 199 美元，用户便可为空气过滤器安装一个智能传感器，只要安装在采集器或收集器上，即可将机器位置、状态、运行时间和过滤能力直接传送至门户平台。每月仅需 20 美元，用户还可在更换空气过滤器时在手机上直接收到通知。

通过此种方式，曼·胡默尔集团不仅销售产品，还提供服务，以最大限度提高这些昂贵设备的利用效率。

此类服务也可扩展至备件的自动交付或现场维修，这或许可成为一个值得发展的新领域。

但订购模式也可能需要大量的资金投入。

通快公司（Trumpf）是工业加工机床和激光器行业的龙头制造企业，已将融资风险转移至旗下的通快银行（Trumpf Bank）。在标准的三年订购期结束后，通快公司会收回机器并以二手方式出售。

供暖和空调行业传统设备制造商菲斯曼（Vissmann）也朝同样的方向发展。公司推出供暖订购服务，以"像订阅音乐一样简单"的口号进行宣传：每月仅需106美元，便可签署一份长达10年的新供暖系统服务合同，包括维护、修理、烟囱清扫和燃气供应。

此种类型的订购需求由以下事实驱动：与其花费2万美元购买，最终客户每月仅需花费100多美元便可获得一套全新供暖系统。

由于房东可将供暖系统月租包含在租户每月支付的租金中，或作为运行成本从纳税申报表中扣除，因此房东非常喜欢这项服务。

成功推出订购模式的5个步骤

订购模式非常便利，提供服务，并允许客户使用资产、产品和服务，否则便不可能获得（或需付出高昂代价才能获得）这些服务。同样重要的一点是，在我们所生活的这个快速变化的时代,这些不会永远存在。

企业推出订购模式仅需 5 个必要步骤。

(1)计划向订购模式过渡。从基于交易的管理模式转变为基于订购的管理模式,企业若想获取定期收入,意味着要在服务、定价、流程和 IT 系统等多方面做出转变,我们必须意识到企业运作方式将会转变,且肯定需要计算机化的自我分析系统,对产品的提供、消费情况随时跟踪、监控和评估来进行校准。

打个比方,这如同从"旧大陆"到"新大陆"的远航,这段远航要经过汪洋大海,伴随着风险,同样还有不确定性和对坚固船只的需求。

企业营收结构向订购模式转变速度越快,转型之路便越迅猛,越具革命性。在此种情况下,重要之处在于企业从一开始就制定出清晰的目标愿景来指导并规划相应运营流程。

对于大公司来说,即使是快速转型也可能需要数年时间。这也是为何设想产生后需要一个过渡期,在此期间,新型订购服务与传统订购服务同时存在,部分原因是为了降低风险,同时在实行新战略过程中获得实用经验。

(2)根据客户需求提供订购服务的成功意味着根据客户需求"校准"服务结构。

企业必须确认,在提供订购服务时,此种赢利模式正被用于为客户提供独特而重要的价值,这完全符合客户希望购买和消费企业所提供资产或服务的方式,如图 3-2 所示。

客户需求	定制，不常见	日常采购周期	多变、创新、探索
订购价值	获得优质服务	补货及时方便	低风险，简单

图3-2 客户需求作为订购模式价值驱动因素的示例

如同先前一样，这并不是我们开始问题的答案，而是又多了另一个问题。

正如亚历桑德罗·佐杜洛夫斯基（Alejandro Jodorowski）[1]所说，"答案即问题"。

人类将智慧隐藏在故事中，而问题则揭示出我们的思维过程和所获得的知识。而在此案例中，企业文化便是这样。

客户的痛点在哪里，我们该如何帮助他们呢？

我们该如何对市场进行细分？

我们向哪些客户和哪类细分市场提供何种级别的订购服务？

此类问题不仅是解释如今现象的基础，随着时间推移，它们也受到我们仍想要实现的目标的积极影响。这些问题促进了我们今天为之努力的未来，还有我们已被激发的具体需求的发展。

（3）确定服务定价。确定服务后，必须设定订购价格。如何设定？我们可思考以下问题：给客户计费的依据是什么？

我们可能会想到一个时间单位，或如同海德堡公司那样，

---

[1] 智利裔墨西哥籍剧作家、电影导演、演员、作曲人和制片人。——译者注

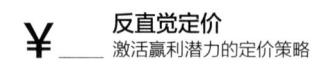

用数量单位。

此外，我们还必须考虑根据所提供订购模式确定这一点的最佳方式：统一费率最好，还是混合模式最好？我们应如何依据付费意愿来设置差异化价格呢？具体到细节，计费条款是什么？预付款是否有折扣？

这些都是企业从开始就需要明确的问题。

（4）测试服务在艰难过渡后至推出普遍订购服务之前，还需验证市场反应。

试点推出订购模式可为模式大规模落地提供宝贵思路，收集客户使用反馈，还能了解客户对我们所提供服务的满意度，从而使得企业预测营收及合并相关业务计划成为可能。

（5）准备发布。最后一步：准备发布服务。

无论是从与用户沟通的角度（选择最合适的媒体）或是从内部沟通的角度，让销售人员做好准备，将新型定价策略与交易业务结合起来，并提供正确激励措施，从而使这项服务得以实施。

📋 小结

"酒香不怕巷子深"的老话已然过时，而且注定不会重现。

对于产品和服务，我们已从"拥有"转变为"分享"。从购买资产到获取体验。

我们已从"拥有产品"转变为"提供服务"或从解决方案转变为基于结果的营收模式。

企业正据此调整交易策略和运营方针，更加以客户为中心。

企业不再按单位或用户进行间接销售，而是直接向客户定期销售。

在 B2C 和 B2B 领域均是如此：我们正在经历从以产品为基础并专注于实物资产和交易的经济向不受所有权约束的"流动经济"的转变。

在第一种情况下，业务重点是通过静态、通用服务获客，并通过单笔交易完成销售，然后再寻找其他客户。

与此相对，在第二种情况下，企业与客户的关系是整个业务模式的核心：购买体验围绕个人客户建立，客户能体会到服务是依据其需求量身定制的。

企业要取得成功，应考虑 5 个阶段。

计划向订购模式的过渡：从基于定期营收的管理转变意味着企业需在服务、定价、流程和 IT 系统多方面做出改变，因此必须调整操作方法。

根据客户需求提供服务：订购模式的成功意味着依据客户需求对服务架构进行"校准"。

确定服务定价：一旦确定提供服务类型，就需设定订购价格。

测试服务：在过渡至普遍推出认购服务之前，建议验证市场反应。

准备发布：规划沟通和发布是最后一步。

因此，在这种赢利方法中重要的是即时获取结果，而非所有权。计划报废制度①被持续改进所取代，该模式能够满足企业发展期望并帮助企业与客户建立持久联系。

同时为客户提供服务的灵活性也得到提升：基于数量的套餐、统一费率、长期合同只是为客户提供的一些选择。公司的目标是维护订购用户群体，监测产生固定营收服务的使用情况，并不断改进以换取客户的长期忠诚。

---

① 工业上的一种策略，有意为产品设计有限的使用寿命，令产品在一定时间后报废。——译者注

4

第 4 章
基于结果的定价策略

人们其实并不想买四分之一英寸[①]的钻头，他们其实只想要一个四分之一英寸的孔。

—— 西奥多·莱维特（Theodore Levitt），哈佛商学院资深教授，现代营销学奠基人之一

[①] 一英寸约为 2.54 厘米。——编者注

经典案例

如果政府将戏剧表演项目的征税税率从8%提高至21%，小型喜剧剧院应该如何应对？

这是巴塞罗那艺术场所新剧院（Teatreneu）不得不面对的问题，其观众因西班牙政府增税而逐渐流失。

该喜剧剧院选择与马坎广告公司（Cyranos McCann）开展合作。

剧院面临的挑战是在门票销售急剧下降后找到增加营收的新策略。简而言之，仅一年之间，剧院收入便减少了30%，票价平均下降20%，当地观众纷纷转向看电影等其他娱乐方式。

剧院找到的答案是将人类活动（在此案例中是"笑"）划分为可测量的数据片段，从而更易于从经济学角度进行评估。这是首个向观众表演喜剧"按笑次数付费"模式的案例。此种创新式支付方案通过人脸识别技术的运用得以实现。

根据人脸识别技术的编程参数，设备可识别出观众微小的反应，并将其与各种情绪状态联系起来：笑（快乐）、哭泣（忧郁）、惊讶（着迷）等。

这款按笑次数计费的应用软件最初安装在平板电脑上，

在此种情况下，它是基于一款面部追踪器或面部表情探测器开发的软件，可根据检测到的笑的次数进行计数，列出并生成统计数据。

每当检测到笑时，平板电脑便会拍照并保存下来，人脸识别技术内置于或安装在每个扶手椅背面的平板电脑中，用于监测观众反应。

提供的收费方法非常简单有效：

免票入场。如果节目没让您笑出来，便无须付钱。

但如果您笑了，您就得根据演员让您笑出的次数付钱。

节目结束时，观众可查看笑的次数，查看每个笑容的照片，甚至可在社交网络上分享。

笑一次需支付 0.3 欧元，上限为 24 欧元，相当于笑 80 次。这是设定的最大参数。

这款按笑声付费的应用程序在巴塞罗那首次公开亮相。当剧院与加拿大制作公司合作推出喜剧即兴表演时，平均票价上涨了 6 欧元，观众人数则增加了多达 35%。

与使用传统支付系统的普通票房相比，每场按笑次数付费的节目产生的总收入多出 2.8 万欧元。

该模式已被其他剧院效仿。

剧院设计了一个移动应用程序作为支付系统。

第4章 基于结果的定价策略

第一个以笑声数量而非节目数量为基础的订购服务诞生了。

我们来看一个基于结果的定价示例,称为基于结果或基于绩效的定价,或与提供服务或产品的人所提供绩效相一致的营收模式。

营收模式是基于表演的结果,在此案例中是娱乐,娱乐性戏剧表演所产生的笑声是所提供服务的可见结果。就付费而言,主动权掌握在观众手中,他们通过笑声决定剧团的营收。如果他们没笑,剧团便不会有收入。风险完全由剧院承担,剧院必须确保表演质量以及为客户提供的价值。更重要的是,剧院必须确立最适合提供给客户(观众)的价值货币化的定价标准。找到能够100%将提供给客户价值转化为营收的"完美"定价指标并非易事,但我们可尽可能接近这一目标。通过此种模式,新剧院成功实现了营收显著提升。我们甚至可以说,没有此种模式,剧院将面临破产。

其次是技术层面。如果没有在座位上安装的平板电脑、支持面部识别的软件、笑声计数器、计费器以及在社交媒体上分享体验的软件,此种"按笑次数付费"的模式甚至根本不能成立。

案例分析

起源

基于结果的定价有着悠久的历史。

21世纪的新技术使基于表现或绩效的定价变得越来越容易。通过结合数字平台、机器学习、云计算和物联网技术，客户的状况（也包括健康状况）可得到监测，以便企业提供更加完善的解决方案，来更好地满足客户的需求。

例如在医疗领域，我们可以想象到，未来，通过传感器来衡量药物、医疗器械或某些服务的效果将成为可能。

价格可根据实际结果来设定。当然在此种情况下，技术测量值也必须转换为价格单位，这与一般用价格表达收益的情况基本并无分别。

通过此种定价模型，客户根据结果和感知价值付费，定价越接近客户认可的价值，企业便越能实现成功。

与绩效和表现相关的风险完全由提供产品或服务的企业承担，未产生结果同时意味着未产生付费。客户从可预测的可靠绩效中受益，否则他们不会为此付钱。

但我们这里所说的"结果"究竟是什么意思呢？

首先要对企业中的"结果"有明确的界定。

"结果"有三个标志。

为适合作为赢利模式的基础，首先，"结果"必须对客户来说确实是重要的。这似乎显而易见，但许多企业忽视了这一点，专注于自身感兴趣的产品或服务的特征，或其拥有技术优势的领域，即使这些特征不重要，或因与客户支付意愿不符而可有可无。

其次，"结果"必须是可衡量的。企业及其客户必须就若干最能反映"结果"的指标达成一致，以便能够验证实际结果。

最后，"结果"必须是独立的。企业、客户或第三方都不得私自随意调整"结果"使其对自己有利，这是获得客观上适合收取回报的"结果"的唯一途径。

现在让我们来看看"基于结果的定价"这一理念的应用。

按点击付费

在广告界，广告的影响通常很难加以量化："我花在广告上的钱有一半被浪费了，问题是我不知道是哪一半。"说这句话的人是零售业巨头约翰·沃纳梅克（John Wanamaker）。

从那时起直至互联网出现，网络广告提供商继续根据基于曝光的传统定价模式营销网络广告，如提供固定费率或"印象"定价模型（即每次广告在网站上展示时付费）。

尽管如此，随着时间推移，根据用户响应广告时所执行的不同操作，出现了多种新型定价模型。

时至今日，"按点击付费"模式比传统模式更占主导地位，也更受欢迎。

宝洁公司不久前与雅虎达成一项协议。通过此种方式，门户网站根据点击次数对单个广告收费，因此得名"按点击付费"。雅虎仅在用户点击广告时获得营收。

谷歌也采用此种模式，"按点击付费"已成为付费搜索广告中使用最为广泛的定价模式。

现在谷歌向其客户宣称："您只有在获得结果时才需付费，比如说点击网站链接或直接致电。"谷歌在其年度报告中总结道："基于每次点击成本的广告，只有当用户点击谷歌上的广告或……当其在油管网（YouTube）上看广告时才需付费。"（谷歌在2006年以16.5亿美元收购该视频平台。）

"结果"正是此种赢利模型的核心。如果说企业过去是为吸引用户注意力而收取固定费用，那现在只有在用户实际看到广告时，企业才会收费。

谷歌在此方面走得更远，现在网站上可选择按转化次数付费，而不仅是按点击次数付费。在"按转化次数付费"（也叫"按操作付费"）中，广告商为转化付费，换言之，只有当客户从广告横幅广告转到其网站并进行购买时才需为此付费。

得益于此类赢利模式，谷歌在2020年的广告营收创下历史新高，达到1470亿美元。

按千瓦时付费

那些投资风力发电的人只有一个目标：生产能源。如果

第4章 基于结果的定价策略

你是供应商,为何不根据生产的能量单位收费呢?

根据此种逻辑,领先的风力涡轮机供应商"能量核"(Enercon)公司采用一种颇具创新性的价格指标,费用依据风力发电机实际实现的年发电量计算。

只有当客户用发电机生产能源时,公司才会得到收入。在大风天气产能较高时期,客户会多付钱;在风力较小的时期,产能相应较低,客户支付的费用也相对较少。

其中的创新之处在于,Enercon 参与分担了客户的业务风险,事实上是 Enercon 承担了其中大部分风险。

"能量核"的合同称为 EPC(指该公司合作伙伴),包括维护、协助和维修。客户根据所用涡轮机类型支付最低额度费用,其中包括以下服务:定期维护、可用保证、维修(包括备件)、运输和24小时远程监控。

尤其是在运营的前5年,"能量核"还承担了在此期间 EPC 的一半费用。直至运营第6年,客户才通过一个简单明了的公式支付全部费用:费用 = 产生电能的千瓦时 × 每千瓦时价格。

此种创新的服务和定价模式显然受到客户的欢迎,采用此种付费方式的客户中90%左右是根据 EPC 方案签订合同的客户。该理念成功的一个重要前提是"能量核"公司能够测算风力涡轮机本身的性能,因此客户若想针对这一指标玩什么把戏是不可能的。

按照明时间付费

宜家、沃尔玛等公司有何共同点？

这些公司均为客户提供停车场，其中一些因为有遮盖，因此必须有照明（至少在一天中的部分时间）。

还有数家企业以传统方式管理这些停车场。这些企业按单位销售备件（如新灯泡），对各类维护服务按小时收费。

不难想象，这并不是一个差异化程度很高且竞争激烈的市场，不同供应商的报价很容易进行比较，供应商们承受着很大压力。因此在多数情况下，谁能提供最好的价格，谁就可以赢得竞争，简单明了。

但宜家所欣赏的并非灯泡提供的光亮，而是顾客从光线充足的停车场中获得的信心。

如果停车场其中一盏灯坏了，公司便会找技术人员进行更换。

如果操作时间太长，客户会抱怨停车场不安全，他们可能会去其他地方购物停车，从而使超市失去收入。

尽管在科幻小说中，"如果"是创造科幻世界的重要条件，但在现实中"如果"并不会带来结果。

在与他所服务的连锁超市的经理交谈后，一位有远见的供应商意识到他所提供服务的真正价值，并认识到这是改变游戏规则的机会，同时也十分有必要。

他带着这个想法和基于"结果"的定价模式找到了超市

第4章 基于结果的定价策略

经理,根据停车场完全照明的小时数支付费用。

如果其中一个灯泡坏了,超市便不用付钱了。

当然,灯泡总是处于完美状态:供应商也有自己的维护团队,他们会定期进行检查。这导致成本显著降低,因为应急人员减少了,超市作为灯泡供应商的客户更为满意,同时利用"自身"能力在营销活动中保证了提供安全、照明良好的停车场。

假设不是停车场,而是贵公司不必购买灯泡或电灯,只需以责任制的方式支付所消耗的电费呢?

这意味着不再购买配件、灯泡和电灯,甚至实际上不需要拥有任何类型的照明产品!甚至无须考虑照明产品这回事。

这是飞利浦首席执行官万豪敦(Frans van Houten)构思的赢利模式背后的理念,他以全新的方式构思照明,认识到客户对办公室内如此长的照明时间的需求。此种产品无关利益,而是关乎"结果";客户只是想买"光",别无其他。

这里出售的是"结果"(光),而不再是产品。

因此公司客户向飞利浦支付固定费用,以管理整个照明服务(规划、设备、安装、维护和更新)及所消耗的光("结果")。

量身定制的系统可节省客户与安装节能照明相关的初始成本。

通过规划持久性的服务,而非"安装后忘记"的方法,以尽可能最有效、最经济的方式提供照明——这也鼓励公司使用节能照明。该模式还有另一个环保方面的优势：在合同结束时，产品可重复使用，从而减少浪费。

华盛顿地铁是最早采用此模式的机构之一，还有英国的全国学生联合会（UK's National Union of Students）和荷兰的 Rau 建筑事务所。事务所负责人解释说："我们最终创建了一个最小限度的照明计划，尽可能利用建筑自然光，以避免材料或能源浪费。传感器和控制器的组合系统也帮助我们通过打开或调节人工照明来感应自然光的存在或运动，从而帮助将能源使用降至最低限度。"

另外，从商业的角度来看，LED（发光二极管）灯制造企业一直存在一个问题：此种产品能用几十年，你又怎么赚钱？随着更高效的技术进入市场，飞利浦意识到公司可将此解决方案出售给客户。

2014 年，《财富》杂志提名飞利浦首席执行官万豪敦跻身全球 25 位最佳"生态创新者"，以表彰他作为这项业务模式创新的先驱所做出的贡献。

按碎石计费

一站式解决方案可在更高的安全性和效率方面为客户带来更多好处，还可使某些数十年来在赢利方式方面停滞不前的行业发生彻底转变。

用于挖掘工作的商用炸药便属于此种情况。

直至现在，该行业使用的定价模型仍是每根炸药的价格加上服务费用。

世界领先的商业炸药和砂磨系统生产商澳大利亚澳瑞凯公司（Orica）改变了这一旧有规则，现在为采石场经营者提供单一解决方案。澳瑞凯不仅根据"碎石"的质量或岩石破碎的程度提供商业炸药，还进行岩石分析、钻孔或爆破作业。在该系统模型中，澳瑞凯向客户提供碎石并按吨收费。

在此案例中，"结果"指"地面上的碎石"，爆炸产生的碎石的尺寸与其对客户的价值密切相关。岩石碎片越小，挖掘过程就越快、越容易。

由于这属于个性化解决方案，价格没有可比性，客户的收入增加了，效率和安全性也提高了。而客户也无须担心打磨过程。

结果便是客户更换供应商的意愿越来越低。

由于新的数字 BlastIQ[①] 程序，澳瑞凯声称："能够提供可预测和可持续的改进方案，从而降低挖掘和爆破的总体成本，提高生产效率和安全性，同时确保……客户更好、更快做出决策，从而取得更好的业绩。"

这便是该公司从销售打孔炸药转变为提供与爆破相关数据支持的集成解决方案的原因。

---

① 数字爆破优化平台。——译者注

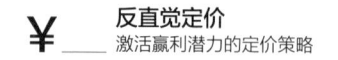

通过对客户数据的分析，公司可确定影响爆破工艺的因素和方案。澳瑞凯甚至可以在一定范围内提供有保证的"结果"，从而能够预测、量化并监测爆炸的影响。

因此，采石场或矿山的经营者可就如何运行项目做出有针对性的决定，从而节省时间和金钱，这在此种定价模式实行之前根本是不可想象的。

以康复作为结果计费

你付钱看医生是为了治病，但如果没有治愈会怎样？

我们习惯于购买药物或治疗，无论我们是否真正康复，都需付出一定代价。

强生公司是英国最早在肿瘤学领域提出基于"结果"的定价模式的公司之一。

公司宣传若抗癌治疗无效，患者可全额报销治疗费用。

其他企业也正朝着同一方向迈进。

瑞士跨国制药公司罗氏（Roche）建议采用个性化报销系统，该系统与按照药物或其他治疗收费的传统（换言之，该行业的专有模式）截然不同。

相反，通过使用这种全新的定价模式，罗氏承认药物的作用会因适应证而异（即患者的具体情况、与其他药物的组合以及反应）；通过此种方式，客户可适应新的情况。在罗氏公司所谓的"按反应付费"中，费用是根据患者在确定时间段内对特定药物产品治疗的反应来收取的。

简而言之,该患者需签署一份合同。如果治疗没有取得成功,公司同意退还已支付的费用。当然此种模式需要直接或间接通过中介合作伙伴来进行。

2017年,制药公司安进(Amgen)和保险公司哈佛朝圣者公司(Harvard Pilgrim)也达成此类协议:当患者接受安进生产的药物瑞百安(Repatha,其药效为通过降低胆固醇水平来降低心脏病发作的风险)治疗病情未能显著改善时,保险公司将获得折扣。

"签署了近1000份合同,规定如果其抗菌药物未能预防接受心脏移植手术患者的术后感染,公司将向医院补偿其所负担的费用。"时任医疗科技公司美敦力公司(Medtronic)首席执行官的奥马尔·伊什拉克(Omar Ishrak)强调说。如果糖尿病患者在转向服用美敦力公司生产药物治疗后病情仍未改善,公司还与安泰保险集团(Aetna)签有偿付协议。其他基于"结果"的合作正在展开中。

但这家医疗科技巨头所面临的问题并非个案。

通用医疗(GE Healthcare)和飞利浦公司也将支付与实际结果挂钩。向基于与结果挂钩的赢利合作和伙伴关系转变是向广泛的基于"结果"的治疗模式转变的自然演变。

"医疗科技公司正在积极寻找机会以新的方式与医院和医生合作,并设法分担供应商使用新支付模式所面临的风险并共享收益。"美国先进医疗技术协会(AdvaMed)支付和医疗保健交付政策执行副总裁丹·梅（Don May）说。

通用公司启动一项重要计划，将数字传感器集成互联至医疗设备、航空发动机、动力涡轮机和其他设备中。而这只是刚刚开始。通用公司是一家正在经历数字化转型的跨国公司，它提供基于结果的服务，客户只需为通用公司根据关键或商定绩效指标实现的产出付费。此种转变已取得成果。公司目前每年从基于"结果"的服务模式中获得20亿美元的收入，而这种服务仅由其医疗服务部门提供。

此类模式具有广泛的应用范围，如定价协议等，即使有些模式结合了传统交易定价模型。

保险风险作为结果计费

一些保健活动应通过降低费用给客户激励。

卫生部门采用新型定价指标会衍生出许多可能的定价策略应用方向。

英国健康保险公司美亚保险（AIG Direct）使用体重指数（BMI）作为计算月费率的基础。只有在被保险人从事高水平运动（在某些情况下甚至是竞技性运动）的特殊情况下，才会有例外：此时体重指数指标就会因发达的肌肉而失真。

此外，定价激励可用于奖励正确的行为，使不受欢迎的行为受到惩罚。我们显然需要对短期、中期或长期要实现的目标进行更广泛的思考，在更广泛的背景下根据企业具体情况确立激励制度。

定价方式转变和公司转型

此种类型的价值货币化对买方和供应商均具有吸引力，它实际上简化了买家的行为：若客户未能获得卖家保证的"结果"，他们根本就不会付款，在某些情况下，买家甚至还会因此得到补偿。

另外，卖家承担风险，通过解决客户面临的复杂问题来创造价值，根据所创造价值来设定服务价格。

此种开展业务的方式可改善客户关系，以某种方式与有关长期援助和关系维护的赢利活动结合在一起，共同纳入合同中。

这也是一些企业开始谈论"结果即服务"的原因，就是有关服务方面的结果。与交易性定价中存在的关系相比，这种新的赢利方式需要与客户建立的关系并不相同。

此种关系始于识别客户真正想要解决的问题。倾听客户的意见非常重要，尤其是当他们并不完全清楚"我想要什么"和（或）"公司能提供什么"的时候。聆听后提供服务（在我们这个时代是稀有商品）……客户需要每周7天×24小时的服务，还是以营收最大化为目标？由于可能存在不同的操作协议和绩效风险级别的场景，因此优先明确客户期望是必需的。

作为赢利模型的产物,报告也是必需的。与客户的持续沟通必不可少,应在合同中加以体现,通常涉及多个部门:包括负责贷款、财务信息、发布数据等的各个部门。

当然任何绩效上的失败对于后续记录和纠正都至关重要,准确来说也是不可避免的。

如果管理不当,此种失败可能会造成更大的财务风险,并破坏客户与供应商之间的关系。

为成功营销并达到目标,从最初的营销一直到交付环节,价值提供者必须反思(在某些情况下甚至重构)自身开展业务的方式。

营销过程通常需要买家和卖家之间的多方对话。虽然这种模式的利润率通常要高很多,但性能风险也同样很高。

销售人员必须充分了解营销的"结果",并保证企业的交付成本和风险处于固定水平。旧有的营销模式(订立合同并继续推进)在最后交付阶段(也是最重要的责任所在)与销售人员无关,此种情况今后再也不可能存在了。

从定价过程一直到实际交付,一体化的团队必须开展协作,专注为客户提供服务。

企业必须界定服务所有方面并适当进行定价。至于服务失败的风险,现在需要解决方案提供商承担。

企业必须评估这些风险并将其准确纳入产品考量因素之中。

供应商必须建立沟通和反馈周期,以便将失败的可能性降到最低,同时确保充分吸取教训。必须调整原有的激励措施,使得整个团队均可因绩效和价值创造获得激励。

从客户角度来看,这必须是一个连续的流程。在企业内部,这意味着明确分配供应商的职责并培养学习和快速适应的能力。仔细想想,这其实与"进化"的概念没什么区别。

📋 小结

来自不同国家和地区的各行业企业已然抛弃交易性营收模式,将赢利模式建立在向客户反映价值的模式之上,并根据"结果"收费。

若想成为这些企业中的一员,这里所说的"结果"必须至少具备三个特征:必须对客户确实重要,实质可衡量,同时是独立的。

有关"结果"的例子有娱乐表演行业的笑的次数、广告的点击量、能源供应的千瓦时等,在此仅举以上数例。

买卖双方均能从中获益。

买方的行为得以简化,如果客户并未获得当初保证的结果,他们就不会付款。

另外,卖方承担风险,并根据所创造价值确定服务价格,这里的服务可完全转化为赢利。

基于结果的定价模型量化和测量给客户的结果，用创新、数据、新技术和经验来完成价值衡量。

这些能力的发展，加之数字化程度的提高，暗示着企业文化正在经历关键而深刻的变革。

提高利润率、建立与赢利模式相关的竞争优势，达成更具体的合作，这些举措弥补了企业所承担的风险，并为企业巩固客户关系创造了机遇，同时为客户提供他们真正想要的"结果"和服务。

第 5 章
心理定价策略

我们所有的知识都源于感知。

—— 达·芬奇

经典案例

人们的行为不仅取决于可用商品和服务的价值及其各自的价格,还主要取决于他们对事物的看法。

行为定价借鉴了这一理念,并承认客户也可能做出非理性行为。

举一个非理性行为的例子。

此时你躺在一片迷人的沙滩上。空气中弥漫着盐水的味道,你躺在毛巾上,闭着眼睛,手埋进沙子里,尽管你涂了防晒霜,但皮肤还是灼痛。

天空万里无云,这是美妙而炎热的一天。

事实上,在过去数小时里,你一直在幻想着喝你最喜欢的冰镇饮料。

使用这个"冰凉的"幻想,是在海滩上降温的好方式。

就在你幻想"我在喝冰镇饮料"时,你表现出渴望凉爽,一个朋友却起身去打了个电话,说:"我要去度假村休息区喝杯冰镇饮料。"你马上感到心急。

"冰镇饮料可能很贵。"朋友对你说,问你准备花多少钱让他帮你买。

你进退两难,因为如果冰镇饮料的价格与你愿意支付的价格相同或比它更低，朋友会帮你买；相反，如果价格比你愿意支付的要高，他就不会帮你买。

除了重新审视你俩的友情，还有什么解决办法呢？你愿意支付多高的价格呢？

经典案例——修改版

现在再想一遍同样的场景。

在炎热的一天里，你依旧躺在沙滩上。数小时以来你一直在认真思考要喝上一瓶最喜欢的冰镇饮料。一位朋友站起来，提议从附近一家破旧的杂货铺给你带一瓶。

潜意识已在发挥作用了。

可选的选项，完全相同的场景。只有一处小小的变化。让我们看看它对故事产生了怎样的影响。

朋友仍然微笑着，问你准备花多少钱买冰镇饮料。

在此种情况下你会给出怎样的钱数？

将这两种情形进行扩展：度假村更倾向于将冰镇饮料的价格定为杂货铺的两倍。

从经济学的角度来看，这是不合理的，也并非理性人假设所期望的：冰镇饮料是一样的，海滩上的温度是一样的，甚至不是从两个不同的进货点进货的，一切只是因为售卖地点的档次不同。

显然心理因素会对支付意愿产生很大影响，这不仅是从产品中获得价值的结果。这种认识是行为经济学的基础，客户并非总依靠理性行事。

让客户的非理性面发挥作用的定价策略，可归纳为行为定价。

案例分析

九个与众不同的行为定价规则

在行为定价实践中，我们发现了一些基本规则，可以帮助企业有针对性地将交付给客户的价值货币化。我们已经在许多公司引入这些方法，它们在一定程度上相互结合，效果立竿见影。让我们来看看这其中的几个方法。

1. 用"价格锚定"将价值情境化

马特和哈利两兄弟在纽约经营一家商店。他们和蔼可亲、讨人喜欢、精明干练。马特是推销员，他有着一双棕色眼睛，留着金色刘海；哈利是裁缝，平和、细心、面带忧郁。

他们的商店售卖西装（优雅、质朴的设德兰[①]羊毛粗花

[①] 位于不列颠群岛北部的一个群岛，以出产羊毛织品闻名。——译者注

呢面料)。商店中间的柜台用木头和熟铁制成，过去的形象是穿着长裙的女士和留着油亮胡子的绅士，当战争前欧洲人在鲍尔豪斯（Ballhaus）珍贵的波希米亚烛台照耀下跳起华尔兹时，红绿格子苏格兰长裙放在椅子上——这是过去时代的回忆。

事实上马特和哈里的父系家族是苏格兰血统。

柔和寂静的氛围弥漫在商店里，细尘颗粒在空气中轻快地舞动，阳光洒在物品上：柜台上等待下一件量身定做西装的剪刀，一双男鞋，小隔断里的几块棉布。随着铃声响起，阳光从一扇带玻璃面板的木门门缝间透了进来。一位客人走了进来，说了句："早上好。"他环顾四周，看着通往二楼的楼梯，那里放着帽子和其他配饰。他四处走走，在一件夹克前停了下来。

马特认为这名顾客喜欢这件夹克，他向他的兄弟挤了挤眼。哈里转身下楼去拿些布料，而马特则佯作不知，继续与顾客扯东扯西。

当顾客询问这套西装的价格时，马特冲着地下室喊道："哈利，这套西装多少钱？"哈利回答说他现在过不来，听得没错的话，应该是92美元。马特假装没听见。"多少？"他又问。"92美元。"哈利重复道，他的声音仿佛在水下回荡。马特转向顾客，带着灿烂的笑容说："42美元，谢谢。"顾客一秒都没犹豫，付钱拿了衣服就跑了。

这个故事告诉我们什么呢？

这名客户掉进了马特和哈利的圈套。哈利故意报了一个特别高的价格,马特假装听错,但马特告诉顾客的价格仍有很大的利润空间。顾客自认为赚了便宜,其实还是被马特和哈利赚了一笔。

但客户甚至懒得检查西装质量也是事实……他甚至并未如博弈论里的理性人假设所期望的那样,未能做到货比三家。

与我们的假设相反,此种类型的购买决策其实经常出现,而非基于深思熟虑的比较,事实证明这是冲动的结果,并非偶尔的非理性选择。

人们往往会根据当时的心情状况来评价价格高低。

例如在测试中,如果价格更高,人们更喜欢同一种酒。这可能看起来很荒谬,但请别忘了啤酒的案例!

这便是多年来一些企业一直在研究客户行为,以了解如何通过最佳定价策略来实现营业额及利润最大化的原因。衡量支付意愿或预测对促销优惠或降价反应的创新方法就出现在这一领域。

另一个著名的定价例子出自《经济学人》(*The Economist*)上的一篇文章。

一些读者被分成两组进行定价测试。

A组有两种选择:59美元的在线订阅或125美元的"纸质+在线"订阅。

与此相对,B组收到了三个选项:59美元的在线订阅,

125美元的纸质订阅，或125美元的"纸质 + 在线"订阅。

因此，报价的差异仅在于印刷版的订阅价格。

B组定价的效果是使"纸质 + 在线"订阅看起来非常合理，在线订阅看起来或多或少像是免费赠送的。

B组中多达84%的读者选择了"纸质 + 在线"订阅，而A组中只有32%的读者选择了"纸质 + 在线"订阅（见图5-1）。

价格锚定对杂志订阅的影响

订阅	价格	订阅数	订阅	价格	订阅数（客均营收增加43%）
在线	$59	68%	在线	$59	10%
			纸质	$125	6%
纸质 + 在线	$125	32%	纸质 + 在线	$125	84%

通过设置锚定价格，客均营收增加43%

图 5-1　价格锚定对顾客偏好的影响

这两个例子再一次证明了定价的力量。

B组通过影响价格感知，确定消费者选择的固定货币参照点。如果提高货币参照点，必然会获得更高的价格。因此，锚定允许那些"设定"价格锚点的人去建立对他们有利的参照点。那么该如何建立呢？通过继续影响客户的支付意愿。

2．使用"打印机／墨盒模型"消除购买阻力

我们针对 B2C 和 B2B 客户的一项研究表明，购买的主要障碍之一是初始购买成本支出：虽然必须考虑产品整个生命周期的成本总和，但初期支出仍然是营销过程中需要克服的最大障碍。

设想我们是一家生产打印机的企业，除主要产品外，我们还销售墨盒。

目前我们正处于向市场推出带有特殊墨盒新型打印机的阶段。

这里还有一个假设前提，除了提供打印机之外，我们的目标是每个月都需要提供一个墨盒。在定价方面，公司的营销团队提出了两种定价模式：第一种模式为打印机价格为 510 美元，墨盒价格为每月 20 美元；第二种模式为打印机 150 美元，墨盒每月 50 美元。

尽管理性的客户对这两种选择无动于衷，因为在 12 个月的时间里打印机和墨盒的总价格是相同的（即 750 美元），但我们的研究表明更多的客户选择第二种定价模式——原因是打印机的使用价格较低。客户认为他们以某种方式节省了费用（而这其实只是成本分配的问题，成本基本上分布于数个月内）。

剃须刀和剃须刀刀片、咖啡机和咖啡胶囊也是如此，这些都是有关联的配套产品。

在B2C和B2B领域中，从心理学的角度来看，动机对购买时支付的价格比对使用过程中累积的成本有明显更多的影响。用专业术语来说，这属于"拥有成本"。

这便是通常企业在制定定价策略时会先以合理低价吸引客户，然后以相当大的可变成本来获客的原因。这也是客户生命周期管理的本质：部分公司（如IT行业的公司）销售产品的初始基础版本，以便以后通过所谓的追加销售来推销其高级版本。能够提供和销售互补产品（如剃须刀刀片、咖啡胶囊等）的公司如果遵循这种定价模式，那它将会在市场竞争中胜出。

3. 通过"阈值定价"充分调动支付意愿

鉴于"潜意识强烈影响购买行为"，在确定价格时必须找到以下问题的答案：客户如何感知价格？价格会让他们产生什么反应？

行为科学和经济学的学者长期以来一直在寻找这些问题的答案。

1.99美元的价格让人更容易想到1美元，而非2美元——这一点我们十分清楚。但这是为什么呢？这种现象可用一个"数字认知"的问题来解释：人们倾向于将小数点后几位数字排成一条心理线来评价。更重要的是，人们根据阿拉伯数字的诠释方法读数字（我们每天使用的数字，十进制只会继续完善这种认知），即从左到右读价格。实际上，这意味着诸如汽油之类的价格通常以 9 结尾：一升汽油的价格为 1.799 美元，加起来一整箱 60 升汽油的总价格为 107.94 美元。以 1.8 美元的价格，同样的满箱汽油将花费 108 美元。尽管只节省了 6 美分，但司机们还是会觉得自己占了很大的便宜。

客户内心通常会有一个"价格门槛"：这意味着 99.99 美元或 99 美元与 100 美元之间的感知差异远远超过 1 美分或 1 美元。

这也可能意味着可以在不损失销量或损害公司定价形象的情况下提高价格。

举例说明，如果一家知名的口香糖生产商以 92 美分的价格出售一包口香糖，门槛价格为 1 美元，将价格提高至门槛限额（99 美分），公司将在不损害其定价形象的情况下，在售出的每一包口香糖上设法赚取 7 美分。根据数学运算，我们知道在销量可观的情况下，仅仅 7 美分便很容易在短短数年内积累起数百万美元的总利润。

4．通过"折中效应"方便客户选择

一座位于市中心的酒吧。到处是瓶子和巧克力。主酒吧展示区域放置着意大利和各国的葡萄酒。假设我们向一群顾客提供两瓶葡萄酒：一瓶相对昂贵的葡萄酒标价 50 美元；另一瓶似乎比较便宜，价格为 10 美元。

问题是：我如何设法引导消费者选择，在不降低价格或

提供促销优惠的情况下大幅增加葡萄酒的销售量?

答案是:利用折中效应。

折中效应表明,当产品的属性不位于选择范围的极端时,产品更有可能从一组中被选择:在该案例中,有一瓶价格高、品质好的葡萄酒和一瓶价格低、品质不好的葡萄酒。

可以引入第三种价格的产品:例如一瓶价格和品质都是中档的葡萄酒,这会促使营业额和利润提升。

尽管总有一些顾客对价格更敏感,会选择价格低的葡萄酒,而那些更喜欢优质产品的顾客会选择价格高的葡萄酒,但多数顾客会很高兴找到一瓶价格中档的葡萄酒,并会选择它:心理上被视为价格和质量之间"正确折中"的选择。

5. 将产品价格作为其质量的暗示

高档手袋生产商德尔沃(Delvaux)成功获得了可与路易威登媲美的品牌形象,这要归功于其价格的上涨。

威士忌制造商芝华士(Chivas Regal)也是如此,它使用了优雅的价签并将价格提高了20%。

在这两个案例中,销售额和利润均获得了显著增长。这是因为价格正是产品或服务质量的指标:"高价格"代表着"高质量"。

那些对产品不甚熟悉的客户主要受此影响。

那些不熟悉产品质量和价格的人会寻找一个参数来指导

自己的决策：他们将高价格与更好的性能联系起来。

然而在性能或感知价值没有相应改善的情况下大幅提高价格会存在风险，也不可取。定价是一个强有力的指标，应该正确使用，如有疑问，最好提高价格——从高质量的认知出发降低价格总是比从低质量的认知出发提高价格更简单。

6．创造稀缺性来刺激销售

冲动购买是通过人为制造的稀缺性来实现的。

在美国苏城（Sioux City）一家超市进行的一项实验证实了这一点：汤品牌金宝汤（Campbell's soup）——该品牌因安迪·沃霍尔（Andy Warhol）而常青，他于1962年制作了32幅聚合物画布，每幅画布上有32罐对称排列的汤，包括当时市场上的所有配方与折扣。在苏城，某几天，一张海报上写着："每人最多12份汤。"在其他日子里，同一张海报上则写着："每人无限制。"结果是，当限制被设定时，顾客平均购买7种汤，是不设限制日子购买量的2倍。

现在我们设想自己在一家服装店。我们很幸运，我们最喜欢的牛仔裤有货了，下周它们将降价10%，但当我们寻找合适的尺码时，我们遇到了一个令人不安的因素：只有2条合适尺码可供选择。该怎么办呢？现在购买以确保到手，或等到下周再买以享受10%的折扣，但要冒着找不到合适尺码的风险。

一项研究发现，在高度稀缺的情况下，购买意愿立即增长了34%。此外，较低的未来折扣也增加了立即以全价购买的可能性。在高降价的稀缺情况下也是如此。

因此，稀缺性和未来折扣的结合有利于销售开展。

此类实验表明人非常容易受到影响。

如亚马逊网站显示多款畅销书"只剩2本"。

多项研究证实，顾客会随意或任意判断产品。有时基于视觉刺激，如带有划线的价格与较低的价格，或者如上述情况，当可用数量减少时会引起顾客的冲动购买。在日常生活中往往表现得明智的人更可能会购买大量稀缺或打折的产品，而不会去考虑报价是否真的划算。

7．用"胜利感"打破购买壁垒

客户通常不会意识到他们在多大程度上被销售人员的诡计"操纵"。这是因为人脑中存在一系列无意识的过程。

诺贝尔经济学奖获得者丹尼尔·卡尼曼（Daniel Kahneman）证实：对"损失"的情绪反应可能比"获得"的反应程度要强烈得多。

此种情绪不对称是该理论的核心，它很好地解释了那些在其他情况下看起来很荒谬的"定价机制"。

美国流行的购车返现便属于其中的一个典型例子：如果你以3万美元的价格购买汽车，你将获得2000美元的返现。

根据这个理论，买家正遭受损失（他在汽车上花费了3万美元）但他将体验到获得奖励的胜利感，这种激励比拥有一辆新车的感受还要强烈。

以75美元的价格提供产品比将其定价为100美元然后提供25美元的折扣更为合理。然而在许多客户心目中，获得折扣会带来一种胜利感。这也是为何许多公司会大幅提高其价目表上的价格，再不断降价。

8．优化相对折扣与绝对折扣

如果我们销售一款产品，并决定把价格从85美元降价至70美元，用何种说法表明"降价"能达到最佳效果：降价15美元或降价18%？

大量研究表明，当为不同价格商品进行同样金额的降价时，顾客的反应会有所差异。

以下实验证明了这一论点：一位顾客以125美元的价格购买了一件夹克，并以15美元的价格购买一个计算器。

计算器的卖家立即通知顾客，在20分钟车程外的另一家连锁店可以以10美元的价格买到最新型号的计算器。面对33%的折扣（即降价5美元之于总价15美元），多达68%的顾客会准备开车去打折的店买。

但当夹克卖家以同样的方式告诉顾客，他们的另一家连锁店中，仅需120美元即可买到同样的夹克，到那里只有20分钟车程，这次只有29%的顾客准备在4%（即降低

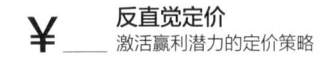

5美元之于总价125美元）的降价幅度下准备开车前往打折的店。

因此对于以低价出售的产品，最好以相对方式（百分比）表示折扣，而事实证明，对于以高价出售的产品，客户更喜欢绝对折扣量。

如果商品标价超过100美元，那么最好应用绝对折扣量而非相对方式。

对优质产品应谨慎使用折扣。在高质量产品打折的情况中，买家不希望看到基于价格的竞争（有点自相矛盾）。另外，当顾客将价格作为衡量产品价值的标准时，价格较低的产品便会突然成为可接受的替代品。由此可知，在高质量产品采用相对折扣时会促使顾客转而购买低质量产品。

9. 通过视觉设计影响价格感知

艺术家们常说"看起来必须漂亮"，而这也同样适用于定价。

字母大小、颜色和特价商品等元素都会影响价格感知。

例如，管理促销活动的一种典型方法就是通过使用比原标价更大的字体，使优惠价能够迅速吸引顾客眼球，但这并非是最可取的方法。这是因为从心理学的角度来看，人们更容易将小字号与低价联系起来，反而会将大字体与高价联系起来。一些具体分析还表明，当优惠价以比原标价更小的字体呈现时，给顾客留下的印象是"物美价廉"，具有增加顾客购买意愿的积极潜在效应。

颜色也可吸引消费者的注意。如现有研究已证明，如果消费者是男性且价格以红色字体显示，他们很可能会认为这个价格更划算。

一般而言，人们在处理信息和做出决策时遵循两条不同路径："系统观点"或"启发式方法"。在"系统观点"中，决策基于充分了解和周密评估之后做出。当"经验法则"适用并遵循合理假设时，我们会发现自己正处于运用"启发式决策"的情况之中。"系统观点"需要更多的认知思考，而"启发式方法"则是一种思维捷径。

所以在做决定时我们选择的最佳路径取决于我们参与的深度。如一些研究表明，当人们使用典型"启发式"指示处理广告信息时，他们的参与程度较低。

在此类研究中，受测者观看了烤箱和微波炉的广告。广告文本字幕为黑色，而价格则用红色突出显示。实验结果如下：如价格用红色显示，男性受测者会认为价格更划算。

在这项针对男性消费者的具体研究中，相较于用黑色字体显示的价格，同样价格用红色显示在任何情况下都与更强烈的积极情绪有关。然而一旦涉及更多决策，红色的魔力便消失了。

另外，事实证明女性公众在感知价格时不会受到颜色的影响。在类似测试中，当颜色发生变化时，并未发现感知差异。

如果将全部真相告知人们，当再遇到打折活动时，有多少人会扪心自问：自己买的东西是否真的很划算？

事实证明，仅通过使用标有"特价"字样的降价标语便可提升销售额。

因此，在销售折扣很大的产品的同时，提供可忽略不计的促销组合，可增加赢利能力。

小结

行为定价可产生的影响：除了理性决策之外，还有许多非理性因素会对最终购买行为产生影响。这些既适用于B2C领域，也适用于B2B领域。

通过行为定价实践案例，我们讲述了一些基本规则，这些规则可帮助企业以更有针对性的方式将交付给客户的价值变现，例如：

（1）用"价格锚定"将价值情境化。

（2）使用"打印机/墨盒模型"清除购买阻力。

（3）通过"阈值定价"充分调动支付意愿。

（4）通过"折中效应"方便客户选择。

（5）将产品价格作为其质量的暗示。

（6）创造稀缺性来刺激销售。

（7）利用"胜利感"打破购买壁垒。

（8）优化相对折扣与绝对折扣。

（9）通过视觉设计影响价格感知。

上面给出的9种策略建议为企业提供了一些实用的灵感，但显然在应用它们之前，最好先检查一下。

6

第 6 章
动态定价策略

我们希望供给始终充足,价格(基本上)用于减少或增加供给……这正是经济学的经典结论。

——优步首席执行官兼联合创始人特拉维斯·卡兰尼克(Travis Kalanick)

第 6 章 动态定价策略

经典案例

那些飞往最受欢迎的夏季旅游胜地的航班在旺季的价格可能会上涨两倍以上,因为随着升温、假期的临近,航空公司会提高价格,毕竟我们都清楚自己想要如何度过夏天。

所以,若季节性需求增加,航空公司、酒店和旅游运营商便会利用顾客更高的支付意愿。或正如美国航空公司(American airlines)前首席执行官罗伯特·克兰德尔(Robert Crandall)所说:"如果一条航线上有2000名顾客,却有400种价格,那么我显然还差1600种价格。"克兰德尔的意思是,在此种情况下,最好的办法是为每名乘客制定个性化价格(从而改变固定价格的概念)或有针对性的个性化定价,能够满足每个用户的具体需求,例如对提前一天购票的商业用户适用较高价格,而对提前一年预订的用户适用尽可能最优惠的价格。

作为类似场景中的一种偶发现象,"自适应"定价系统得益于互联网和新技术的出现而发展;在亚马逊或易贝(eBay)上购物的人就不得不考虑每天甚至每小时的价格变化。

在亚马逊上,价格平均每10分钟更新一次,一天就会更新144次。在短短数小时内,价格变化幅度可能高达240%。

因此亚马逊通常会在晚上或周末提价，这时人们有更多时间用于购买，需求也会相应增加。

这便是动态定价的本质：产品售价会根据市场突发事件进行调整。如果市场对相机的需求增加，相机价格也会上涨。由于需求增加，因此用户支付意愿也会提高，以获取为数不多的剩余商品；相反，如果需求下降，价格也会下调，此举恰恰是为了刺激对产品的需求，而在此之前，该产品在满足用户需求或意愿方面没有取得任何进展（而在提价/降价这两种情况下，亚马逊的利润都提高了25%）。

加油站的燃料成本也会全天变化，有时甚至在顾客加油时也是如此。这是动态定价的另一个例子，也称为"动态价格管理"。这一切的背后是一个与贸易本身一样古老的概念：根据市场情况，动态或灵活、适应性强的价格有助于对产品和服务销售进行管理。

得益于新技术的发展，变化的频率和提供的产品数量将会越来越大。

关于"创新性"公司如何运用正确的赢利方式（在本案例中为"动态定价"）成功颠覆整个行业的一个最著名案例便是优步的案例。

在成为移动出行领域的领军企业之前，优步的管理层发现了一个基本事实：监管从A点到B点的任何形式移动的"法律"的灵活性很高，但这便是动态直觉，优步意识到这不仅适用于需求方（即乘客），而且也适用于服务方（即司机）。

第6章 动态定价策略

在体育赛事、音乐节或周六晚上的高峰需求管理中要解决的问题是，当出行需求非常高，以至于车辆短缺，问题是要找到更多司机。

从这个角度来看，优步管理层的解决方案真的很聪明：他们创造出一种新的赢利模式——峰值定价。

具体怎么运作？让我们来看看这其中的主要的方面。

这是一种动态定价形式，在需求过剩时价格会飙升，而这得益于需求实时监控的实现。价格上涨具有双重效果。一方面高价吸引更多司机接单，另一方面也使需求下降，使供求保持平衡，价格能够再次稳定下来。

通过此种方式，优步创建了一个能够协调供求的平台。平台不强制规定司机何时提供服务，也不设定强制接单时段，更不用说轮班了。

这些制度在出租车公司很正常。然而在优步的案例中，一切都由价格决定：公司通过技术平台每天管理数百万次行程，而无须向司机发出任何指示，由他们自行决定根据动态定价采取行动。

换句话说，网约车服务并非由优步直接控制，而是由众多司机个体所控制。

最终由优步用户决定是否接受平台所提供的价格，在极端情况下，该价格甚至可能高达正常价格的9倍。

在任何情况下，另一种选择是保持较低的价格，而导致供不应求。

尽管如此，峰时定价还是陷入了很多争议。

如果有太多乘客多次拒绝更高的车费，优步便会迅速介入，重新设定价格。

简而言之，这种动态定价的主要目标是保证有足够的司机，即使在需求高峰期也是如此。与我们论述较多的峰值定价相比，动态定价的另一面是市场价格的下降趋势。

如果司机对价格很敏感，那毫无疑问乘客也是如此。

优步最初的口号"每个人的专属司机"恰恰是精准向客户投放的。高效、舒适、便利。还有司机们的等待时间，当车上没有乘客时，车辆等待下一次搭载。尽管此时可能正有许多人需要搭车。那究竟该如何调和这两种对立又互补的需求呢？

优步公司的理念是通过非凡的购买体验提供便宜、安全、随时可得的乘车服务：通过使用该应用程序，乘客可确切知道司机何时会到，还可看到其所在位置及司机的行进路线，此外还可以提前知道确切要支付的车费，且可通过信用卡轻松快速地完成交易。

通过使用与"峰值定价"相反的动态定价（实际上是通过提供渗透价格），优步成功提高车辆的平均运行时间，还衍生出一些乘客需求：他们宁愿以更高价格购买或租用汽车或乘坐公共交通工具，也不愿蹬着脚踏车出行。

公司管理层想得更远：为何不专注于将司机车辆使用率提高至100%，从而实现车上总保持至少有一名乘客。

一方面，这意味着需要优化行程算法，让后一位乘客在前一位乘客到达目的地后可立即上车开始行程。另一方面，这甚至意味着鼓励客户卖掉自己原本拥有但大部分时间都用不上的汽车，并将优步作为主要出行工具。

向此方向迈出第一步的是优步拼车（UberPool），该服务面向的是那些去往同一方向或规划类似路线的乘客。

对于那些必须从市中心到达偏远机场的人，这项服务颇具吸引力。车上搭载更多乘客，使用率也提高了。最重要的是，平台可以降低价格，使其更为经济。

优步从在旧金山街头悄然亮相开始，至今已在多达50个国家和地区建立业务，成为交通运输领域的主要参与者。

案例分析

起源与发展

动态定价是企业的基石，且其重要性日益增加，在其他行业中也是如此。即使是不久前还在货架上展示固定价签的大型分销商也引入了电子显示屏，可以在零售点每日多次更新价格。

媒体世界（MediaWorld）是欧洲主要的非食品分销连锁店之一，在线上和线下渠道均转为采用动态定价管理，始终向顾客提供最优惠价格。

其实动态定价管理的历史十分悠久，反倒是固定价格相对较新。在1870年之前，不显示固定价格而采用动态变化价格非常正常，这样所有价格都是单独协商的。

小猪扭扭（Piggly Wiggly）食品连锁店于1916年率先采用自助服务，进一步证实了企业对价签的需求。随后价签很快成为西方零售商展示商品的常用方式，而讨价还价则逐渐仅适用于二手商品卖家。

至今动态价格管理被束之高阁已有百余年。

动态定价的觉醒始于20世纪80年代美国客运航空公司的"价格市场化"，在此之前客运航空公司一直由政府监管。

从那时起，航空公司重新开始管理"定价"这一重要的利润驱动因素。"价格市场化"鼓励低成本企业纷纷加入，促进行业整体发展，同时吸引了对价格敏感的客户，否则他们会使用火车或汽车等其他交通工具出行。

因此在这一领域，与价格相适应的需求弹性显然是一大决定性因素（尤其是在低端市场），正是这个因素使得充足增长成为可能。

成立于1981年的人民捷运航空公司（People Express Airlines）便是明证。1984年人民捷运航空以低于传统航空公司50%的价格，营收突破10亿美元大关，也创造了利润新纪录。

与此同时，美国航空公司等传统航空公司在同一时期

（或更确切地说，从那一刻起）失去了相当数量的（对价格敏感的）乘客。显然，传统航空公司需要实施新商业战略，以挽回流失的客户。

鉴于低成本航空公司的成本非常有限，传统航空公司正面临一大悲惨窘境：尽管在这个价格水平上，像人民捷运航空公司这样的公司利润率仍能为正，但对这类公司来说，急于降价则意味着严重亏损。为实施这一新战略，美国航空公司不得不面临两项挑战：确定分配至商务舱和经济舱的座位数量，并避免"竞食效应"，即本愿支付更高价格的旅客最后选择低价座位。

"超划算"票价，以及一些以施加限制（如出发前30天购买，至少留票7天，且不能报销）形式的引入，加上每趟航班完全固定的低成本机票配额，使美国航空公司有可能提出一个有效的方案，同时不损害（利润高得多的）业务部门。

美国航空公司当时的营销主管罗伯特·克兰德尔（后来晋升为公司首席执行官）首先确定了应对这一挑战的出路。克兰德尔意识到公司正以零利润价格销售机票，因为一次飞行的大部分成本都是固定的：如飞行员和乘务员的工资、折旧、燃料费等。

此种新逻辑使美国航空公司能够与低成本航空公司展开竞争，如在商务舱未满座的情况下，以其低价提供一些商务舱未使用的座位，商务乘客的特点是在短时间内购买机票并且更愿意购买支付。

随着动态库存分配和维护优化系统的开发,美国航空公司解决了将运力分配至所有航线和航班的不同报价服务的问题。该系统于1985年投入运行,代表了商业领域中第一个真正的动态定价系统,也称为营收或收益管理系统。

事实上动态库存分配和维护优化系统为企业提供了优势竞争能力,并有可能迅速修改特定航班的报价。

在美国航空公司和低成本航空公司服务的所有航线上,真正的价格战打响了。尤其是动态库存分配和维护优化系统给人民捷运航空公司带来的打击是致命的:1986年,也就是美国航空推出优化系统仅一年后,人民捷运航空公司便宣布破产,并被大陆航空公司(Continental Airlines)收购。

人民捷运航空公司时任首席执行官杜兰德·伯尔(Doland Burr)解释公司破产原因如下:

从1981年到1985年,我们是一家充满活力且赢利的企业,但随后每月亏损高达5000万美元。仍是同一家公司,但经营状况有了天壤之别。变化的是美国航空公司在每个市场实施收入管理的能力。在美国航空公司推出"超划算"票价之前,我们一直在赢利,而它的推出使我们的良好势头戛然而止,因为这使他们有可能依据自身意愿提供比我们更低的价格。我们不能否认人民捷运航空公司破产了……尽管如此,我们还是做出过一系列正确的选择。我们的错误在于忽视了动态定价的重要作用。如果可以重新开始,我的首要任务便是寻求最好的技术支持系统。对我而言,这才是航空公司创收的决定性因素,而不仅是服务、飞机甚至航线。

动态定价的主要形式

动态定价主要有以下 3 种形式:(1)暂时性的动态定价;(2)基于顾客的动态定价;(3)基于销售渠道的动态定价。

第一种形式是暂时性的动态定价。时间动态定价被认为是一种"要么接受,要么放弃"的定价模式,卖方根据销售趋势、需求演变和需求产品可用性等因素,随着时间推移调整价格。在此种情况下,动态定价与上述案例中的航空公司收益管理不谋而合:利用价格变化,使需求与服务保持一致。同样的情况还出现在能源领域或燃料分销活动中。基于时间的动态定价主要用"频率"和"范围"来表述。频率是指价格变化的次数(多少次),其数值可能相当可观。亚马逊每天更改其所有价格点,合计多达 250 万次,这意味着平均每 10 分钟,产品的价格便会发生变化。更新还可以更频繁:亚马逊网站上曾有一部手机的价格 3 天内更新了 297 次。"范围"则用于描述单次价格变化的幅度。

第二种形式是基于顾客的动态定价。这种定价模式的基本思想是最大限度地利用顾客不同程度的支付意愿,企业不知道顾客准备支付多少钱,因此求助于被认为是与支付意愿相关的指标信息。如他们可能会使用人口统计数据或有关上网行为的数据、历史交易信息或再次分析有关顾客流量来源的数据，例如顾客是通过在线比价工具进入该网站的。

这便是优步、来福车（Lyft）或爱彼迎为新客户提供注册奖励和折扣的原因，个性化是基于客户的身份（新用户或存量用户）。当然其基本前提是能对客户信息进行识别。虽然在线下通常需要顾客成为忠诚度计划的会员才能帮助识别，但在线上，企业可使用其他数据，基于客户的动态定价有两种主要形式，企业可提供不同基础价格，也可提供个性化优惠券。同时线上基础价格在网络上保持不变。然而只有特定消费者或客户群体才会收到折扣券，从而使企业可根据顾客支付意愿调整价格。

第三种是基于销售渠道的动态定价，适用于多渠道公司，即同时拥有线上和线下渠道的公司。这些公司面临着"多渠道定价困境"：通过在线渠道，他们尤其容易受到来自纯电商渠道零售企业的价格压力。线下渠道本身的高成本结构（店铺租金成本和人力成本）让经营变得更加困难，同时还会导致线上价格普遍低于线下，甚至造成企业内部两种渠道的竞争。

因此，基于渠道的动态定价理念就是区分线上线下渠道的价格。不同渠道的价格因提供的不同功能而异，这似乎更为合理，比方说在线渠道可节省探店成本且提供的品类更多，但线下渠道可感受和试用实体产品。公司实践的其他案例也有助于说明基于渠道的动态定价机制：消费电子产品公司康拉德（Conrad）在网站上标出产品线下店铺价格和线上价格（较低）；汉莎航空公司（Lufthansa）和美国西北航空公司（Northwest Airlines Corp）也采用此种方式通过线上、电话和线下渠道出售机票。然而基本只在线上渠道进行价格的频繁更新，那些在线下渠道购买的顾客可享受到符合期望的服务，而在线上购买意味着客户可以更详细地查看产品信息，但也意味着有机会获得更低价格。

扩展和影响

应用动态价格管理的企业正在增加（尤其是线上业务）。然而随着时间推移，它也在航空旅行、度假和酒店领域得到运用。使用率、季节、时刻表及竞争对手等因素会影响服务定价。即使在传统线下渠道，通常的价签也越来越多地被货架数字显示屏所取代，从而使价格管理更简单，并实现高度自动化。

自推出以来，动态定价模式已在整个客运航空业得到广泛应用，并在帮助企业赢利方面做出巨大贡献。实施动态定价可将收入和利润分别提高 8% 和 25%。

除在 B2C 领域的广泛应用，越来越多的 B2B 领域企业也采用动态定价模式。

成功因素

动态定价模式并非总能奏效,事实上如果缺乏特定前提,此工具甚至可能带来负面影响。

对任何企业而言,采用动态定价均需经历漫长的探索过程,并准备好克服过程中不可避免会出现的各种障碍。但如果在周密准备后将其善加运用,那么企业将会经历业绩加速,并且从此开始,企业经营目标也可得到充分实现。

特别是在过去数年众多研究案例的基础上,我们可以总结出4个成功因素:前两项与解决方案有关,后两项则是将解决方案与企业情况进行融合。

(1)数据和技术:构建动态定价模型的首要前提就是数据和信息的可得性。在某些行业中,需要非常细的颗粒度[①],B2C领域便是此种情况,即使对个人客户或交易也是如此;而在其他情况下,如向电工销售的电气材料批发商的情况,与市场渠道相关的数据可能就足够了。而在这两种情况下,更为重要的是IT架构足以支撑此种从提供给顾客的价值中赢利的新模式。

(2)价格逻辑和定价工具:价格逻辑,即如今企业定价的

---

① "颗粒度"原先为胶片成像术语,后来,"颗粒度"一词被广泛应用到社会生活多个领域。"颗粒度"越粗,表明任务执行方案越笼统;"颗粒度"越细,表明细节越详尽。——译者注

方式，是向动态定价发展的起点。它可能因公司而异。在B2C环境中，零售商可根据客户忠诚度或购买日期、时段或购物车等信息来调整价格。而在B2B环境中，企业可能需要同电信运营商打交道，从而根据竞争对手、通话时长或数据使用方案等指标来定价。各企业最好自行开发动态定价工具，其中包含能够生成动态价格的特定逻辑和方程式的应用。

（3）动态定价的过程和管理："拥有工具的傻瓜也还是傻瓜。"格雷迪·布奇（Grady Booch）说。他是著名的IT工程师，多年来他一直致力于IT环境中的协作动态，认为尽管以定价逻辑和强大的分析工具为中心，但是动态定价模式的成功取决于企业人员使用这些工具的方式：是团队合作对竞争结果产生影响！定价和营销职能为校准和不断改进方法提供动力；营销活动带来对客户和市场的了解；IT职能及技术有助于调整工具效果；内控和财务部门监控结果，然后将其提交给高管层从而为未来决策提供指导。

（4）团队适应力和竞争力：最后但同样重要的是团队的适应力和竞争力。最为成功的定价转型就是企业负责人（通常是首席执行官）呼吁整个组织支持新的动态模型。管理层的作用对于确保多业务条线团队的凝聚力至关重要。

最后，为灌输"开放、实验和学习的文化"而进行的特殊适应训练活动会极大促进转型的开展。在这方面取得成功的公司通常都是从单一应用领域开始，然后在测试和收集有助于提升团队竞争力相关经验的基础上扩大范围。

避免非最优或过高价格的权宜之计

过去数年来的技术进步为将动态定价提升至更高水平提供了坚实基础。

由于个人偏好、购买行为、人口统计特征、竞争对手定价、支付方式等数据信息的传播，企业可根据人口统计数据、购买历史及所有相关信息创建客户档案，从而可对所有营销工具进行适度校准。

尽管如此，这绝不能一直是仅由机器单独管理的工具，毕竟为避免向顾客提供不理想的价格（或者在某些情况下相当不合适的价格），需要有良好的判断力。

让我们再次将目光转向被业界认为是动态价格管理标杆企业的亚马逊。尽管企业有能力每天更新250万个价格，实现利润最大化并成为全球市值最高的公司之一，但它并不总能提供最优价格。

我们可能会好奇为何亚马逊上的三星电视售价先是296.99美元，再变成293.07美元，心理定价策略告诉我们，这两种价格在客户看来是几乎相同的，所以此举会不必要地降低利润率。

另一个轰动一时的案例是一本有关苍蝇的书售价惊人：动态定价使《苍蝇是如何产生的》（*The Making of a Fly*）的价格飙升到近2400万美元，当然这还不包括运费。

这一天文数字售价是如何做到的？这很容易解释。

通过动态定价,两个商家比较同一本书的售价,但前一家的算法将价格设定为后一家售价的 1.27059 倍,而与此同时后一家的算法自动将其价格设定为前一家售价的 0.9983 倍。就这样,在这场几近失控的疯狂涨价中,两个商家的售价交替上涨,一直涨至几百万美元,而此时后一个商家的价格却仍比前一个商家略低。

一个真实的营销错误引出一个正确的结论:动态定价管理有一大局限——它的质量和算法直接挂钩。

📋 小结

1870 年固定价格标签出现之前,动态定价是常态,后来动态定价在客运航空业重新出现,并逐渐推广至各行各业。

然而近年来动态定价的复兴并不是由谈判能力主导的事件,也不是发生在买卖双方之间的一种小概率事件,而是技术进步推动的结果。

数据信息的激增使得根据人口群体、购买行为或竞争对手价格对客户进行细分成为可能,同时改进营销工具(从目标定价到个性化定价),使这些工具随着时间的推移而日趋完善。

这同时适用于 B2C 和 B2B 领域。两者都适用,但在各种情况下引入该模型并非总能奏效,因此不应作为

"必须"手段。

在具体业务实践中，我们掌握了动态定价的三种主要形式：时间定价、基于客户定价和基于销售渠道定价。动态定价的应用范围极为广泛，包括服务类企业和制造类企业。

该模型一经采用便会产生相当大的影响：动态定价可提升营收高达 8%，提升利润率高达 25%。

经验告诉我们，要开展动态价格管理，基本上有四个前提：前两个关于选择解决方案（即数据和技术、价格逻辑和定价工具），后两个则关于解决方案与企业的融合（即动态定价过程和管理及团队培训和竞争力）。

总而言之，还是那句提示：动态定价毕竟是一种工具，必须如此加以管理！仅有机器和算法是不够的：定价模式为人类服务，人类必须确保其结果具有意义，从而确定最优价格。时间（及其重演）将会解决其余问题，包括企业及动态定价自身的发展方向。

第 7 章
人工智能定价策略

机器人的生活便是梦想。

——菲利普·迪克(Philip K. Dick),
美国科幻小说作家

经典案例

麦克·哈曼（Mac Harman）从斯坦福大学商学院毕业后便嗅到了商机：他观察到岳父岳母家的假圣诞树看起来和真树差别很大，于是便萌生了这一想法。

他动身前往中国，在那里他遇到一位木材生产商，并根据各种圣诞树设计出 16 种样式，这些样式均符合真正"圣诞树"（如云杉）的形状。

2006 年 10 月，他将 5000 多棵树运回美国，并在斯坦福市一个商场里开了一家快闪店，生意非常好。

在注册网站后，仅一个月内他便开出了 300 万美元的发票。从那时起，优秀的"麦克"（也许这真是个能创造命运的名字）拓宽了他的选择范围，其中一些圣诞树售价超过 2000 美元，并增加了装饰、星星、花环和其他产品。

他的公司名为香脂店（Balsam Brands），尽管其季节性产品售价远高于直接竞争对手，但它还是取得了成功。

从那时起，这家由哈曼创立的公司进一步发展壮大，如今在定价方面面临着新的挑战。

这家位于加州的豪华仿真圣诞树和季节性装饰品零售商

（旗下品牌包括广受欢迎的Balsam Hill）[1]年营收超过2亿美元，其中80%的销售额发生在第四季度。这是一种企业管理和财务上的"不对称"，对公司的业务活动至关重要。

为管理季节性销售业务，同时保护利润率并增加收入，Balsam Brands决定在定价过程中引入人工智能技术。

通过采用一种自主训练算法生成建议，根据市场需求优化价格，从而克服之前存在的诸如重复定价过程过于密集、缺乏基于市场趋势以进行价格管理的整体工具等一系列挑战。

通过个性化ERP平台，Balsam Brands实现商品每周自动重新定价，根据业务计划对价格进行调整，并依据数据处理结果进行决策。

为向顾客提供最优质服务，Balsam Brands考虑了许多价格及其他因素，例如网络分析和市场趋势、最新销售数据、价格区间、智能业务限制条件和价格舍入规则[2]。

仅在2020—2021年度交易季，人工智能算法便为企业提供了多达2.4万条价格优化建议。

它们是基于其历史交易数据、交易限制、总定价体系、可用库存及其他基本信息。结果Balsam Brands将重新定价

---

[1] Balsam Hill：香脂山是Balsam Brands公司旗下品牌。提供最真实的人造圣诞树、花环、圣诞树装饰品。——译者注

[2] 舍入规则：一种定价规则细节设置，包含"商业（四舍五入）""向上取整""向下取整"三种。——译者注

时间缩短了50%，并实现预期业务目标，产生了超过3.5%的额外收入及超过3%的额外利润率。Balsam Brands高级电子商务业务经理乔伊斯·林（Joyce Lin）强调："虽然我们的业务在增长，但重要的是要根据市场趋势、网站分析和其他关键数据做出定价决策，定价经理往往难以同时兼顾这些数据。""智能算法的运用使定价管理变得高效，帮助团队节省了一半的日常任务时间。人工智能正在彻底改变传统的定价策略和流程，因此我们迫不及待地将这项技术推广至其他领域。"

服装公司奥赛（Orsay）也采取了同样的策略，公司在34个国家设有740个销售点，拥有5100名员工。"如今我们无须依赖人工去进行分析或推测。基于人工智能的定价实现了最关键定价决策的自动化。算法给出一个建议，我们只需简单将其加以应用"，这便是奥赛公司首席创新官的思考总结。

作为快时尚零售商，同时作为垂直型组织，奥赛管理着从设计、生产再到销售的整个供应链。

公司产品种类繁多，有大量时尚和经典款式可供选择。

由于时尚潮流不断变化，奥赛公司必须在产品整个生命周期内进行定价管理，以实现利润最大化，还需确保服装在过时之前售出。

简而言之，奥赛公司的目标便是：

- 用更少的降价次数实现营收和利润率提升；
- 高效处理库存，降低存货成本；

- 提高员工工作效率；
- 使顾客对产品定价与期望相一致，提升顾客满意度。

"这便导致在单独使用人工智能算法的第一年，我们的降价次数有所减少。每次降价降低的库存百分比从最初的40%—50%提升了30%—40%。这意味着降价比例低于10%，从而提高了利润率。如今我们可以在市场有需求时随时销售产品。我们很少打折。过去我们每件商品降价会多达三至四次。显然这些都变相降低了利润率。如今我们每件商品最多打折两至三次。"

在奥赛公司，人工智能还能够在产品生命周期各阶段所产生数据的指导下不断减少损失，并获得最优价格。

该算法综合考虑奥赛公司服装产品的当前及历史数据，从而确定每件商品的合适价格弹性水平。

此外，该解决方案还考虑了竞争对手定价、替代和品牌替换影响等复杂因素，同时自动为公司做出最赚钱的定价决策。

国际时装公司Bonprix（小樱桃）在30多个国家开展业务，拥有3500万客户，也已采用基于人工智能的定价策略。负责在Bonprix中引入人工智能算法的福尔克·托马斯（Folke Thomas）在一次采访中回忆起新定价方法的开始："从那时起，如果在管理利润或库存方面有短期需求，便可通过算法实现隔日价格变化。"这些定价决策无须像先前一样在企业内部进行讨论和协调，牵涉公司内部众多职能部门，也无须通过人工手段去实施。

奥赛公司的情况也是如此：公司品类经理过去平均将80%的时间花在处理降价问题上。而现在此方面已实现机器自动化，现在同件商品定价时间仅占到原来的约20%。企业可将节省下来的时间在战略层面投入更多精力。

案例分析

人工智能指机器展示与人类同样的推理、学习、创造力或规划等能力。换句话说，IT系统能够执行通常需要人类智能才能完成的任务，如视觉感知、语音识别、决策过程和语言翻译。

在价格管理中，人工智能技术的运用体现在如下方面：通过分析过去经营方针的影响或考虑进一步信息来确定最优价格或降价的算法，这使得定价研究、校准和采取适当打折策略成为可能。

因此，基于人工智能的定价意味着使用机器学习和深度学习等人工智能技术来模仿人类行为，运用统计方法和高阶算法自主做出定价决策并不断加以改进（见图7-1）。

机器学习技术正在价格优化领域带来巨大变化，因为它能够远距离进行定价管理，速度更快，效率更高。例如，基于机器学习技术的算法能够同时分析海量数据，并可以引入更多变量。

过去必须由定价经理人工确定价格管理规则。与此相反，机器学习模型使用一种对结果不断进行自主学习的算法。因此，企业能够使用自主学习模型来定价或随时间推移对价格进行调整；此外，它们只用很少时间便可独立精确地完成此项工作（见图7-1）。

人工智能
一种使机器能够模仿人类行为的技术，使自主决策成为可能。

机器学习
人工智能技术的一种，运用统计方法使机器能够随着经验增加而进行改进。

深度学习
机器学习的一种，使多层神经网络计算变为可能。

图7-1 人工智能、机器学习和深度学习

基于人工智能的定价工具不仅旨在自主学习，还可随着时间推移不断改进，以找出最佳价格极值，用它们在"太便宜"和"太贵"之间校准价格。此外，基于人工智能的定价工具可同时兼顾关键内部数据和影响算法的外部数据。同时与旧有技术相比，这些工具可详细阐述海量多样化数据，使企业能够非常准确地根据相关关键数据确定价格。

这些算法评估的因素包括：

- 历史销售和交易数据；
- 季节变化；

- 天气状况；
- 原材料价格指数[1]；
- 地理区域数据；
- 事件；
- 库存水平；
- 产品特征；
- 竞争对手的价格和促销活动；
- 客户关系数据；
- 营销活动；
- 评论和文章。

运用这些数据，基于人工智能的价格应用程序可计算价格弹性，衡量需求随条件变化而变动的情况，系统可据此调节商品价格。

这些工具还可确定需求足够稳定的产品（使其适合优化利润率）或那些因对企业整体销售情况起到关键作用而必须加以严格管理的产品。

开发基于人工智能技术定价策略的阶段

用于确定最佳价格的人工智能算法究竟是如何创建的？

---

[1] 是用于衡量各类原材料市场价格变动情况的经济指标。——编者注

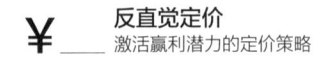

尽管对一些人来说看起来很难懂，但实际上在机器学习基础上设定优化价格算法的步骤很简单。该流程工作原理如下：

1. **数据收集和清理**

   要开发自主机器学习模型，需要多种数据。

   在最优价格情况下，数据库可能如下所示：

   - 交易数据：以不同价格销售给不同客户的产品清单、有无发票折扣的品类、赠品和奖金；
   - 产品描述：每种编目产品的数据（类别、品牌、尺寸、颜色等）；
   - 成本数据：供应成本、配送成本、退货成本、营销成本；
   - 竞争数据：竞争对手对同类产品的价格，可手动输入，也可自动获取，如通过网络抓取；
   - 库存和交货数据：库存水平、产品供应水平、价格历史。

   这些信息不全是必需的，也并不是所有行业或企业都能获得这些信息。许多零售商就无法获得清晰明了的价格历史数据。尽管如此，基于机器学习技术的定价能够从可用数据中提取最大量的直觉知识。在多数情况下这会显著改善现状（如获得更高利润）。此外企业在使用个人数据时非常谨慎，这是完全正确的。

好消息是要在产品层面确定最优价格,无须详细分析个人数据。

最后,收集到的数据必须清除错误,并为进一步分析做好准备。

这一步要求很高,必须将不同来源的各式数据汇聚在一起。因此,这项任务应由相关专家、数据科学家来执行,以确保数据正确并被完整导入算法。

2. 算法训练

下一步便是"训练"机器学习模型。该模型首先对所有变量进行分析,确定价格变化对销售可能产生的影响。在此过程中,机器学习模型会自动检测数据分析师易于忽视的相关量和模型。这些数据被导入算法用以计算最佳价格,并构成销售和利润预测的基础。创建后初始模型将提交测试,也可定期进行人工优化。每次校正后,算法均会独立学习并改进结果。

可加入更多数据集,进一步提高算法精度。随着时间推移,训练工作量逐渐减少,而系统效率却不断提高。

3. 基于预测的优化

机器学习模型一经研发,便可设定最佳价格以满足特定企业经营目标,并在数分钟内确定数千种产品的定价弹性。

企业内部营销和销售团队可通过计算更大胆地试验入市

价和降价，他们借此可以更好地判断定价对销售和需求的潜在影响。

他们现在可根据机器学习算法的结果进行推理，而不是依赖直觉和经验，这给了他们回旋的余地，并且通常会带来销售额和利润的提升。

基于人工智能定价策略的应用：B2C 和 B2B

在零售行业，基于人工智能的定价策略将在未来几年逐渐成为主流。根据管理咨询公司霍瓦特的一项全球研究，预计到 2030 年，79% 的零售企业将投资人工智能，部分原因就是为了优化价格。

许多知名零售商已经开始借助机器学习的力量。其中包括一些知名品牌，如美国电子公司 Monoprice、英国连锁超市莫里森（Morrisons）或时尚界的飒拉（Zara）。飒拉，这家西班牙时装连锁店通过人工智能技术确定其入市价，并让价格自动对市场趋势做出反应。因此，根据一些学者的说法，飒拉只需以折扣价销售 15%—20% 的产品，而其他欧洲零售商的打折幅度为 30%—40%。

服装品牌拉尔夫·劳伦（Ralph Lauren）和迈克高仕（Michael Kors）则运用机器学习技术来减少打折销售、管理库存并增加销量。

尽管入市价很低，快时尚零售商 Boohoo 和希音（Shein）

以使用机器学习技术实现经营目标而闻名。

即使在 B2B 领域，也有越来越多的企业引入基于人工智能技术的定价管理模式。

现在让我们根据公司类型看一下基于人工智能技术的定价策略在 B2B 和 B2C 背景下的 6 种应用。

地理定价

在一个国家内的多个地理区域（如德国北部、中部、南部）或一个大的地理区域（如欧洲），支付意愿可能会有所不同，甚至会有很大差异。人工智能可将内部销售数据、产品和顾客与外部数据（如人口统计数据、收入和经济数据）结合起来，通过地理区域细分定价（以下简称"地理定价"）表示每种产品、服务或折扣的理想价格。

合约保证金预测

在销售合同中，无论是维修还是售后服务，价格或折扣可能会根据客户类型或卖方谈判能力而有很大不同。

为只允许完成合同的"必要"折扣，人工智能帮助分析了一系列与合同相关的参数，以及与客户和交易背景相关的其他参数，以表明最适合完成交易的价格和利润率。

客户流失最小化

在许多以广泛客户群为特征的行业中，例如电信公司、付费电视、电力供应商或售后服务对于汽车或机械的协助，最大限度地降低客户流失率是公司成功的关键。

人工智能可创建计算流失概率的指标，并提出保留措施建议，以防止用户放弃客户群体，还可提出最优价格，向面临风险的客户提出建议。

折扣预测

一个典型应用案例是折扣优化。该算法从价目表开始，指出完成销售所需的最大折扣，而不会超出必需的降价幅度，为指定客户和交易预测出最优折扣。

客户细分

细分客户有多种方法。一种典型方法便是评估支付意愿。举例来说，人工智能非常适合计算现有客户支付意愿，以便对其进行细分，并对服务进行优化。

交叉销售和追加销售

B2C 和 B2B 领域企业均试图向客户出售配件或额外服务，以增加营收和利润。

人工智能可以有效分析哪些产品组合已销售给具有类似特征的客户，以便直接（对于 B2C 中的客户端或 B2B 中的零售商端）提供进一步的产品并鼓励交叉和追加销售，同时提出优化价格。

小结

基于人工智能的定价策略是指使用人工智能、机器学习和深度学习等方法来模仿人类行为，并通过先进统计方法和算法自主做出定价决策并不断进行改进。

建立基于机器学习的价格优化算法的步骤非常简单：

（1）收集清理数据。

（2）训练算法。

（3）基于预测进行优化。

人工智能在定价领域的具体应用包括：

- 地理定价；
- 合约保证金预测；
- 客户流失最小化；
- 折扣预测；
- 客户细分；
- 交叉销售。

基于人工技能的定价可以对商业成功产生强大积极影响，这就是为何它在 B2C 和 B2B 领域日益普及——B2C 比 B2B 更成熟。

因此为保持竞争力，企业也有必要评估如何在基于人工智能定价方面跟上竞争对手的脚步。

8

第 8 章
免费增值模式

商业的目的在于创造和留住客户。

——彼得·德鲁克（Peter Drucker），
现代管理学之父

第 8 章 免费增值模式

经典案例

多年来你一直在等待自己最喜欢歌手的新专辑，梦想着老式黑胶唱片在转盘上嗡嗡作响，哼唱着 10—12 首新曲目，而你坐在最喜欢的扶手椅上，房间很安静，也许手里还拿着一杯上好红酒。专辑一经发布，你愿意付出任何代价成为首批购买者。然后，终于，出乎意料的是，那一刻突然到来，专辑上市发行了！你很兴奋，很好奇。你起床洗个澡，穿好衣服。你在视频网站上再次观看了《周末夜狂热》（*Saturday Night Fever*）①中的一个场景。你跳了几个舞步。你准备出发，但是（总会有"但是"）问题来了：你无须买唱片，甚至不需要出门或找地方停车，甚至无须进入已经映入眼帘的街角唱片店，而且不必为此付钱……为什么？因为有人已将这张专辑作为礼物送给你！

当普林斯（Prince）于 2007 年在英国发行新专辑《行星地球》（*Planet Earth*）时，有近 300 万人购买。

---

① 《周末夜狂热》（*Saturday Night Fever*）：由约翰·班德汉姆执导，该影片讲述了纽约布鲁克林区的青年东尼，在夜总会跳迪斯科舞找寻自我的意义的故事。该影片获得第 35 届美国金球奖电影类音乐喜剧类最佳影片提名。——译者注

通常情况下，这样的新闻会让人联想到唱片业的大人物互相击掌庆祝，歌迷涌入商店将唱片抢购一空的场面，但在此案例中，这一切均未发生：普林斯的专辑在英国估价在20美元左右，但一张都没卖出去！

周日，普林斯决定在英国小报《星期日邮报》（Mail on Sunday）上免费发行新专辑，这是前所未有的举动。

读者只需花3美元左右的价格购买报纸，便可免费获得这张专辑。

单从这张专辑的赢利来看，普林斯肯定没赚到钱：不是通过传统渠道以全价销售（在此种情况下约为2美元）获得通常的销售佣金,《星期日邮报》只需支付每张36美分的许可费。

但考虑到这次活动对普林斯在伦敦举行的21场音乐会的门票销售产生的积极影响，相较《紫色》（The Purple One）这首单曲来说，这是非常划算的！仅在英国，对于这位艺术家来说，门票销售造就了一个个难以企及的纪录。

尽管乍看上去普林斯放弃了460万美元的佣金，但21场演唱会的宣传效果带来了2340万美元的收入和1880万美元的利润。此外,《星期日邮报》的销量比平均230万份增加了60万份，也就是说，仅一天之内销量就比平均水平增长了四分之一以上。

尽管并未完全收回成本，但报纸本身认为这次宣传活动非常成功，部分原因在于通过这种值得赞许的开创性运作,《星期日邮报》将自己定位为市场革新者，对广告公司更具吸引力。

在案例中我们谈到了"亏本销售"策略，即在一种产品（在此案例中是专辑）上亏损，以便出售其他赢利商品（演唱会门票）。

我们试着来总结一下这个概念，只需想象一家酒吧：免费提供咸花生，使顾客口渴难耐，同时出售昂贵饮料，如啤酒、鸡尾酒等构成酒吧核心业务的饮品。这是一种以小博大。

谷歌也遵循同样的原则，多年来谷歌一直以接近免费的价格成功销售，免费提供数百种产品：除提供市场份额超过90%的全球领先搜索引擎外，谷歌还提供各种服务，从电子邮件（Gmail）、信息（谷歌新闻）、导航（谷歌地图）到翻译（谷歌翻译），以及文档、电子表格和图像共享（谷歌文档）。

广告和其他来源带来的收入非常高，使谷歌能够提供相当数量的免费服务。

当谷歌的产品经理希望推出一项新产品或服务时，他们无须考虑这会带来多少收入，而是会问这项服务是否会受到欢迎，以及是否或在多大程度上会被大量用户采用。这代表了谷歌战略的基础：向尽可能多的客户群体推出他们所感兴趣的服务，鼓励用户大规模使用，然后通过广告销售牟利。

通过销售完全免费的产品，谷歌在2020年成为市值高达1820亿美元的巨头，利润达到400亿美元。

这也是迈克尔·奥利里（Michael O'Leary）所采取的方向，作为公司首席执行官，他彻底改变了瑞安航空（Ryanair），使其成为世界上最成功的廉价航空公司之一。奥利里坚称，为客户提供免费航班在未来基本能得以实现，而营收将来自机场的分成。当然，如果市场饱和或竞争对手开始持负面态度，则可能会出现问题。如果天空饱和，也会发生类似情况，但我们可以肯定的是，生活中"一切都在变化"，同样，免费增值模式也将在许多领域继续发展，并克服这些障碍。

案例分析

"免费增值"（Freemium）是"免费"（free）和"增值"（premium，或更高价格）的合成词。

从语义分析中，我们可以看出该词描述的是一种定价策略，其中初始功能是免费提供的，而其他"相关"功能则可能需要付费来获得。

就像玩游戏一样，为解锁下一阶段，必须先通过兑换到目前为止所获得的金币来完成前一阶段。20世纪八九十年代的粉丝们会记得在带有大屏幕和游戏杆的拱廊上玩一场又一场的游戏，与巨魔、狼人对战，攀登高墙，积累生命值并磨炼冒险精神，同时在进入下一关前赚一大笔钱。

免费增值模式的目标是最初通过免费提供吸引尽可能多的客户，然后，一旦用户熟悉基本功能，供应商希望他们愿意为附加的、更精细的服务付费。

从这个意义上说，免费增值模式也可解释为一种渗透策略，通过这种策略，免费产品和那些售价足以弥补免费产品成本并产生利润率的产品之间进行交叉补贴。具体来说，可区分为三种形式的交叉补贴。

1. 免费

第一种情况是由付费产品直接补贴免费产品。从这个意义上来说，经典的"买二送一"就是一个很好的例子。家电领域的套路就是这样：买三件商品，其中最便宜的那件就白送。沃尔玛对DVD产品销售也采取了同样措施：一种免费，另一种付费，目的是将顾客吸引到零售点，让他们在购物袋里装满利润率高的产品。还有移动运营商沃达丰（Vodafone）和O2，在德国，只要签订为期两年的合同，他们便会免费提供一部智能手机，合约金额覆盖手机成本。此外，裕信银行（Unicredit）提供免费信用卡，以便从与免费卡捆绑销售的活期银行账户获利。

与"亏本出售"的情况相比（如索尼游戏机随附的PlayStation游戏，餐馆里为低成本菜单提供补贴的昂贵葡萄酒低于成本价出售，或餐厅中的昂贵葡萄酒补贴低价菜单），其中总有产品是完全免费的。

2. 免费增值

第二种情况是将免费产品作为基础版本，并由需付费的高级版本对其进行补贴，这才是真正的免费增值模式。

在第一种情况下，获得免费产品实际上与购买付费产品有关，而在此种情况下，免费产品无须购买即可使用。

如何实现？

免费模式尤其适用于那些所谓的"体验式商品"，亦即那些只有在体验商品时才能充分体现其功能的商品。

与通过间接渠道获得产品的消费者相比，有过直接产品体验的消费者往往表现出更强的联系和购买意愿。

Adobe等软件产品的情况便是如此，Adobe免费提供软件产品基础版本，但有偿提供专业版本。或像领英（LinkedIn）这样的社交网站，其中许多功能是免费的（如创建个人资料或发送消息），而其他功能则需要付费。

数字时代让这些模式得以更快传播，它们现在在数字产品市场上非常普遍。

在线下世界，直到不久前，免费增值模式还只运用于香水店的香水样品或为鼓励销售而提供给顾客的罐头样品，但成本限制了其应用范围；相反在数字市场上，成本微不足道，几乎可忽略不计，因此应用机会比比皆是。即使只有5%的用户愿意为产品付费，该种商业模式也仍能维持下去。这意味着即使100个用户中有95个不付费，剩下5个用户也足以帮助公司产生利润，因为这其中所涉及的成本可以忽略不计。

3. 三角测量

第三种情况是免费产品与付费产品的划分。

第8章 免费增值模式

这是媒体所特有的经典模式：在双方的自由交流中引入第三方，而第三方需要付费。英国发行量最高的纸质报纸《地铁报》(*Metro*)便是这种情况：报纸免费发行，为读者提供他们感兴趣的新闻和文章，以便他们对当天发生的主要事件有所了解。这是横向阅读，没有详细的文章，事实上我们通常时间很紧，所以正是《地铁报》开发了我们的泛读能力。

无论如何，这里更重要的是产品的售价：在这种情况下，第三方是广告商，他们向出版商支付在报纸上刊登广告的费用。出版商与其说是将报纸卖给读者，不如说是将读者卖给广告公司，这便是三角测量的作用。

电视台和广播电台也是如此。在互联网上，基于这种三角测量模式的媒体生态系统已经发展起来，其基础是：a. 免费内容；b. 出售与用户有关的信息；c. 付费订阅。

实际上在线下这方面的实例更多，如信用卡领域，美国运通公司免费向用户提供信用卡，并从交易商那里收取一定比例提成。

现在让我们来考虑一个看起来比实际更难的数学问题。

三种交叉补贴实际上基于两种定价方式：

在第一种情况下，价格为零，即不需要付款，交易免费进行。

在第二种情况下，价格与补偿挂钩。

还会出现第三种情况：负定价。在后一种情况下，消费者付费使用产品，反之亦然。微软便是一个很好的例子，它向在必应（Bing）上搜索的用户付费，同时给予他们所谓的奖励，这些奖励可转化为各种溢价。或者航空公司推出的客户忠诚度计划，如"常客计划"（AAdvantage）或"常客奖励计划"（Miles & More），例如在后者的情况中，乘客可用里程购买商品和服务，而非使用美元支付。另一个例子来自通用汽车、克莱斯勒等汽车公司和经销商的现金返还方案。丹麦一家连锁健身房也提供同样的服务：若客户每周至少去一次健身房，则免收该月会员费。如果一个月每周都不去（我们都知道这意味着什么，在第一个月后，坚持要消耗多少意志力），便正常收取该月会员费。这是一个很大的激励——你可能会说他们这样做是为我们好。

事实上，当你发现自己付钱是因为在健身房不够"活跃"时，这个公式的设计者肯定会想，你会因为没去而自责；这当然并非你的错，你不去总是因别人所累，你发誓以后会坚持。与此相对，如果已支付会员年费但还是保证不了出勤，你可能会问自己是否还不如不交会费。相反，这里还有一种定价模式更可能留住此类客户。

在洛杉矶，如果你是一名乐队成员，有时不是场地出钱给乐队，而是乐队出钱在场地演出。

新兴团体往往更注重名声和知名度，而非金钱。一旦他们声名鹊起，便能扭转局面，最终获得报酬。

在电话会议领域，也有数家企业向用户提供免费服务。像 FreeConferenceCall（多方通话）之类的公司，有超过 4200

第 8 章 免费增值模式

万用户（主要为公司）使用其服务：该服务对用户免费，多方通话公司对用户为参加免费电话会议所拨打的国际电话支付佣金。

这些案例都表明精明的公司通过提供免费产品成功实现正常营收。

让我们回到免费增值模式，这值得我们更进一步关注。

这种特殊的商业模式已经在软件行业生根发芽，像 Adobe 这样的软件公司以免费的"轻量级"版本进行宣传。免费增值模式的日益普及使得这种赢利方式在多种情况下得到推广。

免费增值价格的成功实践者是"调查猴子"（SurveyMonkey），该公司做法如下：如果你恰巧需要对最多 100 名受访者进行快速在线调查，你可以制作一份问卷，并免费使用其所提供的调查服务。通过这一策略，"调查猴子"已吸引超过 2000 万用户。

当然，这项高赢利业务取决于完全不同的东西：一群客户，他们希望得到 100 多人的回复，因此愿意为他们的高级服务付费。

我们还可以在不同环境中找到其他免费增值定价的例子：

例如，Flickr 为用户分享照片视频提供免费空间，但出售额外存储空间。

Skype 免费提供电脑终端间通话服务，但有偿提供电脑和手机间的通话服务。

《堡垒之夜》（*Fortnite*）提供一定级别的免费游戏，但出售配件（如游戏皮肤）和部分付费游戏。

在视频流媒体或社交媒体中可以找到许多其他示例——所有这些项目都有这种定价方式。然而，免费增值策略并不局限于互联网上的虚拟商品。

Vistaprint 是一家印刷产品公司，多年来一直使用其"免费名片"促销活动来鼓励客户向他们订购。Vistaprint 利用大规模个性化来生产短期印刷任务（如卡片或传单）。尽管公司提供了数百万份免费印刷品（当然通过"交付和处理"的附加费，至少可以部分弥补成本），但它每年通过付费印刷任务收入超过 10 亿美元。

显然传统领域也存在免费增值模式。例如多年来银行一直在宣传活期账户，但并不收取佣金。只有当客户在基本服务基础上要求额外服务时才需要付费。尽管如此，免费基础账户通常与某些条件挂钩，如账户必须有最低余额限制。最后其实是由客户支付了银行损失的利息。过去数年越来越多的零售商倾向于提供所谓"零利率"融资，情况也是如此。实际上，融资成本隐藏在采购价格中。另一个区别在于免费服务是否与广告挂钩。

在许多免费增值服务案例中，从不显示广告的意义上来说，企业提供的内容确实是"免费"的。用于智能手机或平板电脑的 Microsoft Office 版本就是一个很好的例子，其基本版本可免费提供给客户。至多算是用户用他们的数据"付费"。领英是更进一步的例子。

对于其他服务，用户必须接受在"免费"服务中插播广告。付费即可享受无广告的服务。免费版用户不得不忍受广告。他们其实是用自己的专注"付费"。

另一个例子是意大利报纸《共和报》官网。虽然一些文章可供在线用户免费访问，但某些特定文章只有在订阅该网站后才能查看。

领英更进一步，根据不同需求来区分价格。这项旨在帮助用户"找到理想工作"的高端职场服务平台每月收费29.99美元。对于旨在帮助用户"选择发展人脉网络"的高级商业服务，每月收费59.99美元。如需"解锁营销机遇"，每月收费则升至79.99美元。显然领英对求职者、社交网络用户和卖家的支付意愿有不同程度的估计。此外，在缴纳年费方面，此三种服务均对应20%的折扣。

通信软件Skype功能完整，但仅限于其自身网络的免费通话。一旦用户习惯了直观界面，他们就更愿意付费拨打固定电话或手机。一开始，Skype主要出售个人通话时长，后来服务架构与传统电话公司服务类似。目前的付费服务包括对选定的全国网络的分钟套餐或统一费率。

4. 免费增值模式的成功法则

"免费"电子游戏便是免费增值模式的典范。它们可被视为"绝壁"（我们不再指望80%的利润来自仅20%的客户），相反，此种商业模式依赖于吸引数百万玩家试玩，而其中仅

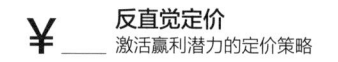

有小部分玩家会付费购买游戏。例如，在热门网页游戏《开心农场》(*Farmville*)提供者 Zynga 公司的时代,《华尔街日报》的一项研究发现，只有不到 5% 的玩家购买过物品。他们甚至不愿花 1 美元为虚拟奶牛来买一捆干草。

因此，此种免费增值定价策略的应用变得容易受到玩家数量有限的影响，因为这些玩家可能会被其他新游戏所吸引。对于免费增值模式来说（至少基础服务是这样），更重要的是边际成本等于或尽可能接近于零，这比统一费率更重要，这样"免费成本"就不会给供应商造成负担。

以下是提高免费增值定价模式效率的 4 个原则。

1. 市场必须是可细分的

为使免费增值模式获得成功，我们需要不同的细分市场，包括寻求不同利益的客户群体。如果几乎所有客户都在产品中寻找相同特性和相同性能水平，此时免费增值模式便行不通了。此时便需要用插入的广告来获利。

2. 产品必须具有低可变成本

对于几乎所有网站来说，增加一个客户的边际成本都接近于零。如果我们把所有的一般费用（包括中央办公室和工厂的工作人员）都算在 Vistaprint 上，100 张名片的费用将相当高。但是，考虑到公司生产和一般交易功能均由支付订单覆盖，因此实际上单笔订单的成本非常之小。相反，机械师和眼镜师无法成功采用免费增值模式，因为在他们的情况下，服务一个额外客户的成本远高于零。

3. 免费用户应充当付费版本的宣传者

"多宝箱"是一种基于云的文件托管服务，它特意吸引用户上传个人文件，确信他们会需要一个同样基于云的文件存储系统，这样便可以足够高的价格出售给企业来覆盖全部业务的成本。市场很容易根据各自使用的总存储量对付费用户和企业进行细分。

4. 应逐步增加对免费版本的限制

当"调查猴子"刚开始推出此类服务时，唯一的限制便是可收集到的调查数量。服务获得的成功越多，免费用户所能使用的付费功能就越少，因为该网站限制剪切、粘贴以及保存结果（即使结果可在线查看）。这非常成功地促使越来越多的用户选择该公司的付费服务。

为促使用户付费使用，可对免费版本设置不同类型限制：a. 功能，基础版本可以免费做某些事情，而专业版本则要求支付某种费用，以换取更多实用功能；b. 临时资格，允许在要求付款前免费使用 30 天；c. 使用情况和客户类型，给特定的客户提供特定的免费服务。

小结

免费增值是一种定价策略。初始阶段功能免费提供,之后需要付费才能"解锁"。免费增值的初级目标是通过提供免费服务吸引尽可能多的潜在客户。

一旦用户熟悉了基本功能,服务提供者便希望客户为更高质量的附加服务付费的意愿会随着服务的提供而逐步增长。

在支持免费模式的交叉补贴方面,有以下3点区别:

(1)免费:第一种情况是付费产品直接补贴免费产品。"买二送一"便是一个典型的例子。

(2)免费增值:第二种情况是指基本版本免费,其成本由付费高级版本补贴,即免费增值模式。

注意尽管在第一种情况下,免费产品的获取与付费产品相关联,但在此种情况下,免费产品可以使用而无须支付其他费用。

(3)三角测量:第三种情况是将免费产品分成两部分,以换取付费产品。在双方的自由交换关系中引入需要付费购买的第三方,这是媒体的典型模式。

三种类型的交叉补贴基于两种类型的定价:一种情况下价格为零(因为不收费);另一种情况下价格基于支付。现实中可能还会遇到第三种情况:负定价。在后一种情况下,消费者付费使用产品,反之亦然。一个例子是微软向在"必应"搜索引擎上进行搜索的用户付费，给予他们奖励，这些奖励可转化为不同的增值。

确保免费增值定价模型有效运作的4条原则：

（1）市场必须是可细分的；

（2）产品必须具有低可变成本；

（3）免费用户应充当付费版本的宣传者；

（4）应逐步增加对免费版本的限制。

毫无疑问，只有当产品付费版本用户数量足够多并足以使业务收支平衡时，免费增值策略才算成功。

未来许多企业将不得不适应提供免费商品服务的直接竞争环境。

第 9 章
同情定价策略

当我们正在为生活疲于奔命时，生活已离我们而去。

——约翰·列侬（John Lennon），美国摇滚乐歌手

经典案例

　　劳累一天后，你正在下班回家的路上。你迫不及待地想要回家。

　　但当你到达车站时，你意识到不对劲：人们走来走去，心烦意乱，紧张地打电话，孩子们哭泣。

　　站台上人来人往，尽管有些混乱。男人们留着小胡子，提着公文包，因压抑而分散了注意力。

　　公共交通受到大罢工的影响，没有火车运行。

　　这与你想象中的完美世界截然不同：洗个热水澡，听着音乐，穿着舒适的衣服，喝一杯好酒，坐下来读那份还没来得及打开的报纸。

　　这些"幸福生活"的想法即使没有完全破灭，至少也被推迟了。

　　毕竟现实胜过幻想。

　　我们汗流浃背，衬衫粘在皮肤上，耐心已达到极限。

　　又是平凡庸碌的一天，你一遍又一遍做着深呼吸，没有其他事可做。

　　但事实并非如此。意想不到的事发生了。

　　就在你想象噩梦，说服自己注定要在拥挤的候车室过夜时，你的手机上突然出现了优步的推送信息，告诉你，您有权在"乘车回家"时享受 50% 的折扣。

"生活就是当你忙于制订其他计划时发生在你身上的事情。"约翰·列侬的这句话是对的。

或许这便是生活的全部意义：突发的意外转折，无法整理的东西等。

你本以为自己可以掌控一切。但与此相反，生活恰恰是在我们忙于制订其他计划时发生在我们身上的事情。

这是一切的关键。

这也是我们可传达给客户的消息。

事实上，在乘坐便宜舒适的汽车后（拥挤的火车只是糟糕的回忆），你回到家里，安然无恙。

甚至比平时更好，客户会认为，永远感谢命运的这种意想不到的偶然"礼物"。

这个例子可能看起来不真实且难以置信，但这正是 Uber（优步）在公共交通罢工袭击波士顿和伦敦时为客户提供的服务。

这便是同情定价，其目标是将客户的负面体验（在本例中为交通罢工）转变为正面体验，即乘坐便宜的出租车——创造对品牌、理念和建议的同理心在无意识的层面上，在客户中对您的品牌产生积极的态度和情感。

因此，同情定价可定义为：

应用灵活且富有想象力的折扣，帮助缓解生活方式中的

痛苦高峰，在困难时刻伸出援手，或维护共同的价值观。

案例分析

同情定价可在一系列情况下对客户产生影响。应用这些"社会"价格不会对企业经营目标规划产生直接的积极影响，但会找到其在中长期的正确回报逻辑。

如果说20世纪五六十年代，梦想中的东西在世界舞台上首次亮相，而20世纪80年代则是轻松赚钱的高峰期，那20世纪90年代之后，尤其是2000年，则带来了不确定性的负担：2021年9月。自"9·11"以来已过去了20年——恐怖袭击摧毁了纽约双子塔，将我们带入了一个必要的监视资本主义的时代，它对所有尊重个人自由和当代民主社会的人来说都是危险的。

尽管公司不断告诉客户，他们专注于客户的需求并关心客户和客户每天面临的挑战，但客户并不相信。凯维公关（Cohn & Wolfe）最近的一项研究表明，只有小部分消费者信任公司：在英美只有5%的消费者相信大公司的运作是真实透明的。

数十份报告、民意调查和消费者研究证实了这一数据：当涉及真正关心客户、拥有更高目标并且总体上更具人性化的品牌时，人们普遍认为多数公司尚未达到这一水平。

即使进行了多年,旨在证明品牌真正关心消费者的活动和工作,许多消费者仍然对它们存在深深的怀疑。通常,这些举措被视为以业务为导向,或者至多被归入愿景和模糊承诺的领域,直到它们在一种噪声中消失:消费者已学会将它们视为事实或干脆简单地忽略它们。

根据最近的另一项研究,只有不到10%的美国消费者和20%的全球消费者认为品牌"确实改变了人们的生活"。

客户似乎更倾向于接受少数几个已在尝试新方法来变得更人性化的品牌,或者那些致力于采用新的灵活定价方法的品牌。

在B2C和B2B领域,同情定价模式有助于通过增加客户对企业的信心来改善企业的形象和认知。在适当时候提供折扣就是企业关心客户最为有力的证明。这将提升公司形象,恢复客户信任和吸引重要的品牌支持者。

从长远来看,再加上可能的正面媒体报道,企业基线将提升。

因此公司应仔细研究该如何运用同情定价。

让我们来继续分析同情定价的3种可能应用:止痛药定价;同情定价;目的定价。

(1)止痛药定价:企业使用像"止痛药"一样的服务来帮助客户克服日常烦恼。上文中有关优步的那个故事便是"止痛药定价"的典型运用,但还有许多其他故事可以引用。

阿根廷家电品牌BGH推出了一项名为"我的房子是烤

箱"的夏季特别活动：为那些认为家中太热的人提供空调购买折扣。客户可访问一个网站，该网站可帮助实时查看公寓的暴晒情况。顾客家中吸收的太阳光线越多，他们在购买BGH空调时获得的折扣就越大。该活动于当地夏季（在当地是12月—次年3月）在阿根廷开展，在此期间带来了超过4.9万笔销售额。根据著名广告公司盛世长城（Saatchi & Saatchi）的数据，此种定价方式为BGH公司带来超过1400万美元的销售额。

位于东京市中心赤坂的日式餐厅"援助之手"（Otasuke）上方醒目地张贴着"秃头很美"的标语，餐厅热情欢迎有头皮毛囊问题的顾客，为他们提供折扣。

据日本重要的假发生产商爱德兰丝（Aderans）称，男性中谢顶的比例已占到26%。遗传基因在其中起着重要作用，但"工薪族"长期工作压力大也会造成谢顶。这也是为何"援助之手"将其价格转化为富有同情心的公式，以便为秃头顾客提供折扣。通过此种方式，他们鼓励顾客勇于接受自己的脱发缺陷，而非隐瞒。类似情形也发生在珍贵的金缮（kintsugi）艺术中，即已传承百年的用黄金修复破损瓷器的技艺。金缮专注于修复裂缝，且重视它们的价值：从字面来看，日语"金缮"一词正是源自"金"（"kin"）和"团结/修复/团聚"（"tsugi"）。

这一比喻十分明确：不是要隐藏器物上的创伤，而是要重塑它，赋予它一种新的形式，从旧有形式中汲取灵感，但又产生出新的风格,以某种方式加强它所经历的变化。同样,"谢顶"在日本是一件微妙的事情,但好莱坞明星却忽视这一问题,引以为傲地追求自己的事业。"援助之手"的老板说,"我认为宣传这种精神是个好主意"。餐厅外的一幅标语解释了他对"辛勤工作的父亲因工作压力而脱发"的关心。每位谢顶顾客可获得 500 日元的折扣,优惠力度也随着每桌谢顶顾客数量的增多而加大。如果 5 位谢顶顾客一同去喝酒,便可有一人享受免单。餐厅墙上的海报讲述了有关秃头的有趣细节(哪个国家的秃头率最高?捷克人谢顶率高达 43%,其次为西班牙和德国)。

另一个有趣的例子是下雨天的酒店客房折扣:位于澳大利亚昆士兰州的努萨国际度假村(Noosa International Resort)推出一项名为"雨天折扣"的优惠活动,若当地降水量超过 5 毫米,则游客逗留期间房价可减价 20%。该度假村位于澳大利亚昆士兰州著名的阳光海岸,在突然出现反常恶劣天气之后想出了这个吸引游客的计划。

(2)同情定价:企业用一种信息向顾客提供支持,这种信息可以总结为"当生活对你不好的时候……我们会帮你处理好的!"企业提供折扣或免费服务。

想想那些生活在贫困线以下的人如何看待食品打折:英国超市 Community Shop 通过向领取福利的人销售打折品牌产品来实施"同情定价"。该活动得到了玛莎等多个知名连锁品牌的支持,这些品牌向该店供应低于他们选品标准的产品。这些存货通常最终会成为小费或转化为动物饲料。

西班牙首都马德里的 Tienda Amiga 发起了另一项同情定价举措：在此案例中，小企业为其附近失业者提供折扣。公司名称意为"友好商店"，由马德里当地社区团体"奥尔塔莱萨人民大会"（Asamblea Popular de Hortaleza）建立。仅数月内，便有超过 150 家当地商店加入，为失业者提供 5%—20% 的折扣。

为失去工作的记者提供免费创作平台：这是作品集平台 Pressfolios 为被新泽西州最大报纸《纽瓦克明星纪事报》（*Star-Ledger*）解雇的记者免费提供服务的方式。Pressfolios 允许用户创建在线作品集。这些失业记者会获得一个免费的专业账户，可无限存储 3 个月，通常每月花费 15 美元左右。这对于公司来说只是一小步，但对于那些失去工作的人来说是莫大的帮助。

在美国、加拿大和墨西哥，零售商劳氏公司（Lowe）管理或支持 2370 多家家居和五金制品商店，疫情前销售额超过 650 亿美元。当冬季突如其来的暴风雪摧毁了多伦多大部分树木时，劳氏加拿大分公司引入了同情定价策略。公司向多伦多赠送 1000 棵北美红枫。这些圣诞树每棵价值 30 加元，在多伦多两家分店的停车场按"先到先得"的原则免费分发，直至发完为止。

团购网站 Groupon（印度）管理本地在线交易市场，让贸易商与消费者保持联系,并以折扣价提供商品和服务,公司针对洋葱成本上涨,采用了同情定价策略。通过网站上的每日报价,买家可以 9 卢比(约合 0.15 美元)购买 1 千克洋葱(仅相当于主要价格的八分之一左右),而且享受送货上门服务。

(3)目的定价:企业通过目的定价帮助具有共同价值观和生活方式的人群,提供折扣、赠品或优惠。

正是目的定价使吸引难以捉摸的年龄在 18—35 岁的消费者愿意消费。

吸引这一年龄群体对于保护公司未来品牌价值至关重要。在此案例中,另一个市场挑战是要求更严格交易条件的零售商日益占据主导地位。澳大利亚两大主要分销商 Coles 和 Woolworths 要求独家生产线、大量商业投资和降价,甚至将某些品牌纳入其选品范围。

作为一种便民手段,这种行为日益普遍。

玛氏(Mars)旗下品牌士力架(Snickers)的案例具有象征意义,因为他们需要自己悠久的品牌历史来承载更大的分量,实现这一目标的方式也至关重要,公司可在零售部门释放新的销售机会,以抵消降价和提升便利性带来的压力。

公司所需面临的挑战是开发出一种可释放零售合作伙伴销售需求的想法,同时确保他们可帮助宣传品牌故事,而这一切都面向那些难以联系、对营销活动漠不关心、总在移动并保持在线的公众。

而这一切都归功于饥饿算法(Hungerithm)的诞生,这是一种可用来监测顾客情绪的饥饿算法。

构建该算法引入多达 3000 个词汇,每天分析超过 1.4 万条推文。

每条推文都被重新定义为单一数据点,用于捕捉语言极性[1]、主观性及其体现的情绪强度。将推文转化为数据点后,企业便无须建立数据库或对消费者进行问卷调查或回访。

该算法每隔 10 分钟对一组组合数据进行分析,然后将其分配至 10 种预定义心理状态中的其中一种。每当互联网上研究的一组用户情绪归类为"冷淡"时,士力架价格会保持在 1.75 澳元。但当结果显示为"欣喜若狂"时,价格甚至可降至 0.5 澳元!

Hungerithm 全天候运作持续 5 周。人们可直接在手机上申领士力架优惠券,然后在附近 7-11 便利店使用。这种针对性定价方法是玛氏与"千禧一代"互动交流的一种全新方式,帮助士力架销量提升近 20%。在销量停滞不前的巧克力棒品类中取得了相当理想的效果。

法国公共交通公司巴黎大众运输公司(RATP)在雾霾天提供免费或折扣公共交通,鼓励市民坐车出行以应对空气污染。巴黎大众运输公司首先推出此项服务,以应对笼罩巴黎

---

[1] 极性指物体在相反部位或方向表现出相反的固有性质或力量,对特定事物的方向或吸引力(如倾斜、感觉或思想);向特定方向的倾向或趋势。——译者注

反直觉定价
激活赢利潜力的定价策略

长达数日的严重空气污染（不幸的是此种情况在全球许多城市都很普遍）。

Easy Taxi 是全球下载次数最多的出租车应用软件之一，它创立于巴西，现已在 12 个国家及 170 个城市推出，它发起一项定价计划，预计将为每位单身女性乘客免除 70 雷亚尔的叫车费用。此举旨在鼓励女性继续乘坐出租车，此前已发生一系列出租车司机对女性乘客进行人身攻击的事件。

咖啡馆和餐馆开始以一种不那么政治化但更社会化的方式为面带微笑的顾客提供折扣，或者鼓励顾客说"早上好""晚上好"或"请"。这发生在法国里维埃拉地区（Riviera）尼斯市的"小西拉"（Petite Syrah）咖啡馆，如果顾客说出关键词"你好"和"请"，他们便会为其提供折扣。一杯带有"Bonjour"（意为"你好"）和"S'il vous plaît"（意为"请您"）的咖啡售价为 1.40 欧元（约合 1.50 美元），如果顾客没有打招呼则需要多付将近 4 美元，如果他们还忽略了最低限度的社会公认的礼貌，则可能会付高达 8 美元。

目前为止我们一直在探讨 B2C 领域的案例。同样，同情定价策略也广泛适用于 B2B 领域。

其中原因在于企事业各单位采购人员依赖专业的思维结构，这在某种程度上会直接影响他们的个人生活（无论是正面还是负面影响）。我们正是走钢丝的人。我们的生活在内在和外在之间取得平衡。关键是我们设法在二者之间传达的东西，其实就是我们自身对事物的看法。

在企业营销宣传绿色产品或社会公益产品的压力之前，人们持相同的怀疑观点，实质上是在衡量企业参与问题的程度。这样的价格可以卖出去，由此产生出这样一种观念，即公众定价理念要求卖家（无论是公司还是小企业）使用创新策略：无论是减轻痛苦，在需要时提供帮助或是维持业务伙伴关系，企业均能以灵活赢利的方式完成这些目标。是时候从对抗逻辑转向协作共赢了。从单纯利润到宏观世界、系统、客户导向等赢利模式，包括市场倾向减少化石燃料的使用等。

该理念同样适用于国家、地区和地方各级产品销售。这是因为各个国家、地区、城市，甚至学校或机构都必须面临前所未有的独特挑战。是时候离开化石燃料时代了！

📋 小结

在许多情况下，同情定价会对顾客产生影响。

这些"社会公益"定价策略的应用不会对公司经营目标的实现产生直接的积极影响，但我们会在中短期内看到他们正确的回报逻辑。

在 B2C 和 B2B 领域，同情定价可帮助改善公司形象和公众对公司的认知，提升对公司的信任度。在适当时提供折扣是公司关怀客户最为有力的证明。这将转化为公司形象的提升，（重新）赢得客户和重要的品牌新支持者的更多信任。

从长远来看，这一点以及可能带来的媒体正面报道也将导致企业水准的提升。

因此企业应仔细研究如何更好运用社会公益定价策略。

企业可能会探索将其与音乐会等公共活动联系起来的可能性，或考虑为锦标赛中惨遭淘汰球队的球迷提供折扣。或者还可与大数据评估技术结合，用大数据衡量个人指标，引入个性化降价，让人们在生活中的苦闷时刻尝到甜头。

系统记录的消费者数据可帮助那些度过糟糕一天的顾客重拾好心情，还会奖励那些可能日常小有所成的顾客。

让我们来设想一个能记录锻炼结果的软件，用户步行 5 英里后便可获得能量饮料的折扣，或者在健康领域，如果用户成功坚持节食便会提供健康沙拉折扣的应用软件。

未来这种定价方针在 B2B 中的应用可能会进一步扩展到越来越多的战略领域，企业可能会为那些承诺减少碳排放或改善生态兼容性和社会责任的合作伙伴提供更多折扣。

第 10 章
参与式定价策略

如果它真有价值，顾客会往盘子里放钱的。

——克里斯·赫尔福德（Chris Hufford），"电台司令"（Radiohead）乐队经理

经典案例

现在正是一月初,新年伊始,正是营销旺季,也是企业议价的好机会,但该如何操作呢?与往常一样,尽管有打折活动,但折扣均由卖家设定。但如果一切反过来,由买方决定支付价格会怎样?

埃韦兰斯(Everlane)是位于美国旧金山的一家时装公司,在纽约和波士顿等多个城市开设有零售店铺(但线上业务仍居主要地位),公司定期推出一种称为"随心付"的营销方式,由顾客决定为商品付多少钱。

由你们决定,一方面代表接近客户需求的举措,另一方面代表即时沟通渠道,这正符合社交网络时代的特征。让我们回到交易层面上来。

从棉质T恤到彩色山羊绒、高档休闲服和手袋,该公司有数百种商品供男士和女士们选择。折扣从20%到60%不等。

也就是说,这种定价是如何运作的呢?

基本上这是一个如何管理预期的问题:不可能让顾客为任意商品指定价格,主要面向那些未售出或积压的商品。埃韦兰斯在指定促销日为买家提供3个级别的价格选择。

然而,很难想象消费者会在同样的产品降价6折的情况下，以 8 折的价格购买，价签将球踢给了消费者，由他们决定付多少钱。

在零售点，埃韦兰斯还以公开透明的方式列出每件商品的实际成本，以及以传统方式显示的价格（这使得买家可看到商品的足价以及相对便宜的价格）。公司通过此种方式使顾客放心购买。顾客被"双向议价"激励而纷纷购买。而从公司的角度来看，埃韦兰斯可以消化未售出的商品。

这是双赢。

"我们发现由顾客选择价格让我们有机会在库存管理流程和利润率方面对顾客做到完全公开透明，而非采用传统的销售模式，"公司首席执行官兼创始人迈克尔·普雷斯曼（Michael Preysman）坚持说，"通过为顾客提供三种选择，我们能让他们真正感受到每件商品的价值，并帮助他们做出明智的购买决策。"

当顾客滚动浏览产品信息时，会弹出对话框，显示生产成本加运费所得出的最低售价，而平均产品价格会在此附加一般费用。基本上最低售价不会为公司带来任何收益。

与此相对，对于最高售价，对话框上会解释说"这个价格有助于我们支付生产、运输和团队成本，还能帮助我们扩大投资、发展壮大。感谢您的支持！"

正常售价会比最高促销价高出几美元，约是生产成本的两倍，但无论如何与多数竞争对手在零售点的加价相比微不足道。

自 2015 年以来，埃韦兰斯一直定期采用这种赢利方式。公司首席执行官指出，当他们最初试行此种定价模式时，有 10% 的顾客选择支付中等或最高价格，并且年复一年保持如此。

从该案例中，我们可得出的结论是：人们（消费者，包括我们所有人）都喜欢价格公开透明。

因此"随心付"的销售模式给予企业与买家"建立"信任关系的机会。

根据客户选择支付的金额，清晰传达出客户购买行为对业务的影响关系是有好处的。

买家会欣赏这样一个事实：他们不仅被授予选择的权利，而且无须为某样东西付出太多。

当被问及此种定价模式的灵感来源时，普雷斯曼回顾了"电台司令"乐队在 2007 年推出的专辑《彩虹之间》(In Rainbows)的在线销售情况："我们发现（乐队测试的）结果非常有趣，几乎没有（付费）听众会选择支付最低价格。"

这张专辑的发行确实取得了成功：在下载专辑的 180 万听众中，60% 的人决定不支付任何费用，而其余 40% 的听众人均支付 2.26 美元。"就收入总数而言，我们从这张专辑中获得的收入比之前所有专辑的总和还要多。"乐队主唱汤姆·约克（Thom Yorke）在接受采访时如此宣称。

而实体唱片上市销售则不会受到此种"随心付"线上预售的影响。

这张专辑在"公告牌"排行榜（Billboard）上名列前茅，销量高达 300 万张。

当然这个案例之所以如此成功，正因为它们是"电台司令"乐队！谁会忘记约翰尼·德普（Johnny Depp）[1] 和夏洛特·甘斯布（Charlotte Gainsbourg）[2] 在一家唱片店相遇的电影桥段，她看着他，而他假装不看她，随后二人相视一笑，此时播放的背景音乐便是《偷情》（Creep），这是最催人泪下的影片之一[3]，同时预示着当代音乐的崛起。

在歌曲的最后，"电台司令"乐队唱道，"你不能等待幸福降临，而是要相信它真的存在，抓住它，甚至主动去追求它。你要一直奔跑，即使不知去往何方。但请看在上帝的分上，行动起来，走出去，乘坐通往幸福的列车！"

还有其他原因（情绪，还有以各种色调表达的人生感触），"电台司令"乐队的歌迷乐于为他们的音乐、歌词付款。

简而言之，我们可得出结论，"随心付"模式必须建立在客户忠诚度的基础之上。

因此拥有大量忠实客户的公司可采用这种类型的赢利模式来创造可观的收入。

---

[1] 美国影视演员、制片人，音乐人。2009 年巴哈马国际电影节被授予年度事业成就奖。——译者注

[2] 英国女演员、歌手。获得法国电影界多项大奖。——译者注

[3] 该桥段来自二人主演的 2004 年经典法国电影《他们结婚了还有很多孩子》（Ils se marièrent et eurent beaucoup d'enfants）。——译者注

甚至有研究表明，如果买家了解企业管理者，他们更愿支付额外费用。

比方说如果客户群体特别关注该品牌，企业可考虑将"随心付"定价模式作为一项临时策略加以采用。

现在将视线从旧金山投向伦敦，在这里我们找到了羊绒时装生产商伦敦羊绒公司（London Cashmere Company）。

这里的客户也可以类似方式选择支付多少钱。直接提供降价代码——"CWYP15[①]"，以此类推，代码"CWYP25"表示优惠25%，"CWYP35"则表示优惠35%。

"随心付"定价模式也可适用于提升顾客购买体验，让顾客感受到他们购买的不仅是产品，而且还有助于形成某种世界观。

如在2015年11月7日，美国零售连锁店7-11让顾客决定为思乐冰（Slurpee）支付多少钱，营收所得捐赠给与全球饥饿做斗争的公益组织。

在"电台司令"乐队的案例中，如果我们只考虑利润因素，由消费者决定支付多少可能会让我们感到惊讶，但也可揭示出顾客对产品的真正喜爱程度。

如果客户所支付的价格低于预期，我们仍能从营收方面得到一些基本反馈，或许是时候重新审视营销策略了。

---

① choose what you pay 15% 的首字母缩写。——译者注

案例分析

参与式定价将多种概念组合在一起，这些概念有时是同义词，例如"由你定价"或"随心付"、"选择付"或"按您认为合适的方式支付"，这是一种赢利方式，买家可以独立选择支付给销售产品或服务公司的金额。我们还会讲到自由价格。一开始的价格可以是完全免费的，或非常低的价格，然后再按需上涨，有时会指明最低门槛或建议价格以给予买家提示。在下述案例中，我们将研究此种赢利方式的一些变种。

"选择付"模式，也称"随心付"，是参与式定价的一种高级形式。在此种模式下，顾客随心意支付，有时供应商无法决定是否以该价格出售，有时则会设定限制（如最低价格）。

此种定价方式可在兼顾消费者多样性的情况下实现价格差异化，同时允许购买者对最终交易价格进行一定程度的调整，从而参与到定价过程中。

参与式定价，加上买家认为自身获得更大参与权，会使得购买意向更趋明确。

"随心付"模式日益受到市场关注。

交易的金额取决于社会偏好，即客户和供应商之间价值的公平分配。此外，确保供应商长期跟随市场趋势的理念也至关重要。

德国明斯特市阿尔卫特动物园（Allwetterzoo）即采用

"随心付"模式推出多项活动,在不到一个月时间内将游客人数增加5倍,达到7.6万人,营业额也增长了2.5倍。

尽管前一年每位游客平均消费10.53欧元,而该年度仅为4.76欧元,但游客量的大幅增加足以弥补较低的单价。

尽管从长远来看,采用此种定价方式不太可能维持动物园的长期运营,但明斯特当地的警察部门对动物园取得的成功充满热情,他们希望引入这种模式,以支付交通罚款……

在酒店行业,"按需付费"的第一个例子是OmHom酒店,这是一家精致的小型酒店,位于意大利五渔村(Cinque Terre)地区的山丘上,由企业家卢卡·帕尔梅罗(Luca Palmero)管理。定价完全透明,旨在帮助客人对酒店管理成本建立清晰认识,建议价格为每晚200美元,其中39%用于人力成本,20%用于供应商和服务,19%用于电力等服务,17%用于管理,5%用于营销。帕尔梅罗还提供所谓的"暂停停留"。这是从那不勒斯的"待用咖啡"传统中借用的想法。在这座"无可争议的意式浓缩咖啡之都",在吧台喝上一杯咖啡被认为事关公民尊严和基本权利,人们为喝不起咖啡的人多买一杯咖啡是一种常见的现象。因此选择"随心付"模式,帕尔梅罗发现其中存在相当多的人为因素。

第二个例子是新加坡的IBIS酒店,它是法国连锁酒店雅高(Accor)旗下的品牌。

该定价模型还经过测试得以在明斯特历史悠久的市政厅和平大厅(Hall of Peace)使用。游客支付的入场费仅略高于正常价格。通常情况下成人入场费为 2 美元，儿童入场费为 1.50 美元。我们将这两个同样发生于明斯特的案例的差异归因于不同的定价水平。

位于汉堡著名的绳索街（Reeper-bahn）上的施密特剧院（Schmidt theatre）的经理推行一个类似计划：观众只需支付他们认为合理的费用。即使那些只支付 1 美元的人也能购票。瑞士苏黎世剧院（Schauspielhaus）也是如此：每月一次，观众可以随心支付，直至座位和门票售罄。

在餐厅、酒吧、酒店等服务领域也出现了一系列"随心付"的案例。客户通过各种方式选定支付价格。服务提供商将定价的权力交到顾客手中，可能确有一定数量顾客支付了一笔费用，但与此同时也有人从中占到了便宜。

与前述案例中的动物园或电影院不同，这里我们更多关注的是那些会增加服务供应商风险的可变成本。这里还有一些例子。

Der Wiener Deewan 是维也纳一家颇受欢迎的巴基斯坦风味餐厅，为想品尝巴基斯坦风味美食的人提供自助餐："选择付"自助餐提供 5 种不同的咖喱菜肴、3 种素食和 2 种肉类。此外每月第一个周一还可听到当场点选曲目的即兴演奏。

在伦敦，继 2009 年"小湾"（Little Bay）餐厅首次推出"选择付"后，成功在菜单固定价格基础上增加 20%。还有许多其他场所，例如 Windows at Galvin 餐厅，也尝试着相同的解决方案：菜品价格由客户自行决定，每份菜单从 25 英镑到

65英镑不等。

柏林的一家酒吧Weinerei推出红酒"选择付"活动：晚上8点后一杯红酒2欧元；更重要的是，通过支付这笔"象征性"的费用，顾客可获得无限续杯的特权，在此尽情畅饮所有葡萄酒。顾客会在离开酒吧前支付他们想付的钱。

在美国田纳西州杰克逊，社区小馆（ComeUnity）提供的菜单每天都在变化，主要供应当地采购的时令有机食品，同样采取"随心付"的模式。ComeUnity的宗旨是"爱、关怀和尊严"。如果顾客无力支付，ComeUnity会向其提供机会，可通过一小时义工服务换取一顿健康热餐。

在任意一家卡尔马厨房餐厅（Karma Kitchen）用餐结束时，顾客会收到一张0美元的收据和一张字条，上面写着："您的餐点是来自之前某位顾客的礼物。为使这根纽带传递下去，我们邀请您为那些后来的顾客提前付款。"客人可按自己喜欢的方式支付，可以是现金，也可用他们的时间作为交换。

汉堡王采用了"随心付"的方式，但仅限于"皇堡"系列，而且仅限一天，他们会将销售所得捐给慈善机构。

在电脑游戏方面，我们也发现"由你定价"模式的应用：自2010年以来，Humble Bundle[1]提供了一些可按玩家设定价格购买的游戏组合。Idem是一位意大利人为写小说而设计的

---

[1] Humble Bundle：一系列在网络上售卖和分发的关于电子游戏、音乐专辑或者电子书的收藏包，所需支付价格由购买者决定。——译者注

bibisco（闪电博）[1]软件，遵循的正是他所坚信的"选择付"模式。

一些博物馆也开始采用同样的方式：如德国埃森（Essen）的红点博物馆（Red Dot Museum），专门用4000平方米空间展示国际设计大奖获奖作品，每周五均会推出活动，由参观者选择支付多少观展费用。

在咨询行业也存在这种定价方式：比利时咨询公司卡勒帕（Kalepa）是体验管理方面的专家，他们让客户选择对其认为"受启发"的课程支付费用，这遵循了公司一位创始人的理念，其研究论文便和"随心付"模式相关。

2021年，苏格兰开设了首家"随心付"书店。该活动的灵感来自一种特定哲学，针对那些厌恶浪费但热爱书籍的人，他们认为所有人都应很容易获得书籍。在此案例中，书店的目标是弥补成本，而非产生利润。

此外，在线上还有OpenBooks等虚拟书店，早在2016年便已开始允许读者用"随心付"模式购买电子书（只要他们先前阅读过该书）。在此案例中，"定价"时刻通常发生在交易开始和消费者体验前的"事前阶段"，推迟到消费者体验后的"事后阶段"，转变为"事后定价"。

"事后定价"模式作为"质量保证"的标志，吸引那些不

---

[1] 一个用于写小说的桌面软件。——译者注

愿冒买到不合期望商品的风险的读者。

即便在足球比赛领域，我们也曾体验过"选择付"模式。

加拿大超级联赛球队渥太华竞技（Atlético Ottawa）在2021年也采用过此种定价方式。对于在渥太华 TD Place 体育场举办的首场比赛，1.5 万名球迷有机会以"随心付"方式购买比赛门票。票价从 0 美元起，以 5 美元为一档上涨，最高票价为每张 50 美元。

有时候在本月工资已领，下月工资未到之前，到月底这段时间还会有些额外支出。对于那些难以向银行贷款的人来说，只能向亲友借钱或申请高利贷。一项名为 Activehours 的新服务提供了另一种选择：它可使你在工资尚未到手时预支你的工资。

它是这样运作的：用户可根据他们已经工作的时间提前预支下一份工资，每天最高 100 美元。除非申请人愿意支付服务费，否则不收取利息和佣金。

Activehours 得到用户所谓的"自愿建议"的支持："由你决定支付多少或者你认为合理的价格，你甚至可决定不支付任何费用。"Activehours 创始人拉姆·帕拉尼亚潘（Ram Palaniappan）宣称："有一些人不断给我们捐款，而另一些人每用上三到五次便会给我们捐款。因此我们发现了若干非常有意思的捐款模型。"

当用户注册 Activehours 服务时，需要提供当前可用的银行账号。

当你需要钱的时候，你所要做的就是上传一张工时单截图：决定要往银行账户存入的金额和要提供的服务费金额。

该应用程序为每笔交易提供五种捐赠金额选项：而"0"这个选项始终是置顶的。如对于100美元的预支款项，程序建议的服务费会是：0、3.84美元、5.68美元、7.89美元和10.99美元。由于贷款时间很短（如一周），所以即使是1%的捐款也对应着极高的年化利率。此外公司还可根据捐款情况假设用户是希望重复使用此信用服务而因此支付"捐款"。

"随心付"模式的一种变体由具有变动价格的因素组成，而这些因素的价格基本取决于顾客满意度。

这种方式在管理咨询中也时而可见。除固定服务量之外，双方还可商定可变部分，数量由客户确定，然后由客户根据预定义等级评估其满意度。在此种情况下，供应商也将选择权交到客户手中。

小费也是"随心付"模型的一种变体。通常情况下，顾客决定在正式标价外支付多少费用：餐饮、理发或行李搬运等服务都是如此。尽管如此，也有某些场合的小费并非真正出于自愿。如在美国餐厅，若想避免服务员的负面反应或开口索要小费，你只得留下至少相当于账单费用10%—20%的小费。与固定工资相比，这些小费往往才是服务员收入的主要组成部分。

最后，捐赠可解释为"随心付"模式的第三种变体。然而在此种情况下，使用"价格"一词严格意义上来说并不准确,因为并不存在有形或可要来索取的物品与之相对应。

由你定价

"由你定价"是一种赢利策略,在这种策略下,卖家允许买家决定他们愿意为服务支付的最终价格,但只有在报价等于或高于起点价格时才会发生交易,而卖方并不会透露起点价格。

交易的运作方式如下:卖家列出产品的起点价格,超过该起点价格的报价便会被接受。当然这个起点价格对买方来说是不可见的。只要买家喜欢某个产品,他们便会为其提供初始报价。

卖方的观点是基于这样一种预期:顾客会表明他们真正愿意支付的价格。买方的报价具有约束力。通过提供信用卡号或开通自动扣款来确保支付。

如果顾客的报价大于等于起点价格,则交易将按照其所指定的价格进行。如果顾客的报价低于所有卖家设定的起点价格,他们还有数次机会更新报价。

该模式在逆向拍卖中也得到了应用。

在传统拍卖中,由供应方提供产品或服务,会有许多需求方为此展开竞争。只有能负担起拍卖价格的人才可能获得产品或服务。

相反,正如字面意思所示,在逆向拍卖中,买卖双方的角色进行颠倒，供应方能够以需求方指定的价格提供服务，从而赢得拍卖。

美国公司普利斯林（Priceline）被认为是"由你定价"模式的发明者，后来被Hotwire[①]等公司效仿。飞机经常只有三分之二的座位坐满，因此会产生数百万个空座，公司开始思考：若利用互联网来引导需求，让人们乘坐飞机或住进酒店，会发生什么？若是由客户出一个他们认可的价格而非支付足价呢？

起初航空公司对此持怀疑态度，它们并不想压低价格。

相反，Hotwire创始人决定通过使用"价格线"一词来解释他们的疑虑，公司不希望以低于该基准线的价格销售，但在此位置市场会产生足够需求来填补空座。

在此种情况下"不透明"定价也常被提及，因为企业会以较低隐藏价格销售商品。

目标客户是那些主要根据价格进行购买的顾客：顾客选择偏好的飞行路线、目的地和日期，以及酒店客房等级。

付款后，网站会显示航班时刻表、航空公司和中途停留点或酒店名称，但不允许报销、改签或退票。

网站如此宣传："由你定价的服务利用了买家灵活性，允许卖家接受以较低价格出售其空座，而不会破坏其现有分销

[①] Hotwire：首批通过特别协商优惠提供大幅折扣的在线旅游网站之一。——译者注

渠道或零售价格结构。"

如今此种赢利方式主要应用于音乐领域。

"快转眼球"乐队（R.E.M）主唱迈克尔·斯蒂普（Michael Stipe）便是这么做的。2011年乐队解散后，他开始采用这种定价方式为粉丝提供单曲：他推出了与单曲《向海而行》（Drive to the Ocean）相关的套餐，包括官方视频、照片、电子壁纸以及歌词在内的8个产品，乐迷可以按自己的意愿付费，起点价格为0.77美分。

Bandcamp是一个美国音乐交易分享平台，歌手和团体向歌迷出售音乐，允许那些想要下载曲目的人在购买时自行出价付费；同样，乐队也可为其制作的音乐设定最低价格，而乐迷则可根据自身意愿支付额外费用。

"经济无障碍"至今仍是影响服装行业的主要因素之一，这也是Garmentory着手在该行业掀起波澜的原因。Garmentory是一个线上虚拟交易平台，出售设计师作品和当代精品店的商品。网站允许用户对商品价格提出个性化建议。此举创造出一个新空间，新兴设计师可在这里与顾客直接互动，顾客也能以他们认为合适的价格买到设计师的新品服装。

著名服装品牌盖璞（Gap）也采用此种方式，通过名为"我的服装我定价（Gap My Price）"的促销活动销售服装。

另一鲜明案例是易贝的"最佳报价"服务，允许买家向卖家提供他们"愿意"为商品支付的价格。卖方可接受、拒绝或提出不同价格作为回应。

反直觉定价
激活赢利潜力的定价策略

尽管在揭示客户支付价格意愿方面具备有趣的潜力，但"由你定价"模式迄今尚未达到预期，尽管其可能在未来带来回报。

📋 小结

参与式定价策略是一种赢利策略，在此种方法下，买家可独立选择他们将支付给销售产品或服务公司的金额。价格可从免费（0美元）开始（或从非常低的金额起），再按需上涨。

有时商家会指示最低价格或建议价格来给予买家提示。

在"选择付"（也称为"随心付"）模式中，企业让消费者自行决定价格，从而放弃了管理赢利业务的传统中央管理特权。

非营利组织长期以来一直使用此方法来吸引大量客户群体，但近年来众多营利性企业已在大量产品和服务中成功采用"随心付"模式。

该模式近年来的大量流行是由于市场渗透之外的好处，如短期促销、打压盗版、与用户捐赠进行捆绑营销等。

从卖方角度来看，"由你定价"是一个过程，期望客户会表明他们真正愿意支付的价格。顾客出价具有约束力。顾客通过提供信用卡号或开通自动扣款来确保支付。只要顾客报价高于供应商已知的最低价格，供应商就需要接受报价，由顾客支付指定价格。

"随心付"和"由你定价"模式之间存在本质区别。在后一种情况下，由卖方决定接受或拒绝顾客出价。而在"随心付"模式中，顾客先消费使用，而后支付，或顾客一开始便提前为想要的东西付费。

这些定价模型解决的实际上是这样一个重要问题：如果客户本没有"义务"付费，如何让他们自愿掏钱？

其实我们讲到的许多案例都表明，即使人们没有付费"义务"，他们也会选择付费。

就收益而言，让顾客自行决定支付金额可能会带来惊喜（就像"电台司令"乐队的情况一样），但它也可揭示出顾客对企业所提供产品的真实喜爱程度。

若客户支付价格低于预期，尽管这是个坏消息，但也同样重要，或许是时候重新审视我们的营销策略了！

11

第 11 章
神经定价

"大脑早在你意识到之前便做出了决定。"

——约翰-迪伦·海恩斯（John-Dylan Haynes），
德国神经学家

第 11 章 神经定价

经典案例

这是所有经理人的梦想：提高价格，让顾客以更高的价格获得比先前更高的满意度。

多亏了神经定价（Neuropricing）的运用，这个梦想在波罗的海的维森豪瑟海滩（Weissenhaeuser Strand）度假村得以实现。在这个度假村里，顾客可选择公寓或酒店住宿，其中配有巨型休闲设施。

"许多企业在没有意识到的情况下错失收入和利润。"这是度假村负责人大卫·迪皮纳（David Depenau）的观点。考虑到度假村服务的标价太低，（显然）游客对这种定价水平感到不自在。尤其是在夏季旺季，游客们都认为价格"太低了"。然而尽管如此，平均每天花费也达到 200 美元左右。即便如此，正如迪皮纳现在所知的那样，对于寻求高品质轻松假期的游客来说，这还是太低了。

"自在"是个关键词。

当我写作本书的时候，与调整价格前相比，整个旅游度假村的营业额和利润增加了 100 万美元。

迪皮纳总共租出 1200 套公寓。提价立即转化为利润，而不会造成顾客流失或降低满意度。他本人认为这是一种"近乎反常"的现象,并愿意公开谈论它。

迪皮纳还表示这一结果令所有人都很满意。他甚至发现顾客现在的满意度比过去还要高出许多。一项调查显示,自从提高价格后,顾客们的体验更好了。更重要的是在夏季旺季期间,旅游度假村房间全部售罄。

怎样才能在提高价格的同时提升顾客满意度?

迪皮纳表示,对度假村升级改造的投资肯定有利于价格上涨,但如果没有神经定价,一切都不可能,更不用说涨价了。

那究竟什么是神经定价呢?

根据神经营销专家马库斯·穆勒的说法,在任何情况下,人们都不会按照他们所说的去做想做的事,或买想要的东西。

然而顾客真正会买什么,以什么价格购买,都是由他们的脑电波揭示的;从严格意义上讲,这些不是穆勒测量的,而是用脑电图测量头皮上壁张力的波动测量的。从屏幕上可观测张力的上下波动。每个电极都包含编码带宽和颜色。人的每种情绪都与一种色调、一个彩色膜相对应。如果按照我们自身的模样来看待这个世界,我们又是什么颜色?答案随时在改变(它也在改变着我们)。

穆勒还用星巴克的产品进行了测试,方法是向部分顾客提出一些简单的问题,比如"您愿意花多少钱买一小杯黑咖啡?"。在此类研究中,每隔一秒会向客户显示产品的潜在价格。基于大数据和机器学习算法,脑电图揭示出这些与产品有关的价格是否是顾客心中的理想价格。测试者的大脑不会说谎,因此公司可通过脑电图确定最优价格。

结果颇为令人惊讶:星巴克确实很贵,但人们愿意付更多的钱。根据这项研究,该连锁店决定将一小杯黑咖啡的价格从 1.80 美元上涨至 1.95 美元,但营业额并未出现下降。

那这里的成本和时间各是什么?1 美元的"价值"是多少,酒吧的小憩、头顶上旋转的风扇、工作前 10 分钟的安静时间、和朋友的欢笑时光、面试前喝的一杯水、从窗外飘过的灰尘又都价值几何呢?

另一个典型案例是百事可乐的一家分公司,它想弄清如果每袋乐事薯片在土耳其的价格上涨 0.25 土耳其里拉,销售额会发生哪些变化。

一项针对顾客的市场调查显示销售额会下降 33%。

该调查在采用传统方法的同时同步采用神经定价方法,结果预测销售额降幅为 9%。

但提价后实际跌幅仅为 7%。神经定价研究让人们参与到定价任务中,向他们提出以下问题:"它便宜还是贵?"穆勒解释说:"受访者回答贵或便宜前的思考时间越长越好,这样测试结果与他们的真实看法更接近。"基于这些见解,穆勒开发出一种名为"线上神经定价"(Neuro-Pricing Online)的扩展工具,在对大量产品、目标群体、市场或产品变体进行测试时使用该工具。

脑部扫描的结果令人惊讶:最理想价格通常高于制造商

或零售商的假设。"卖方对价格的焦虑通常比买方更严重。"穆勒如此总结道。在迪皮纳的案例中也是如此。他们都知道不能定价过高,否则销售产品便会崩溃,而企业形象和利润率也会崩溃。"这便如同站在悬崖边上俯瞰大海,"迪皮纳总结道——令人眩晕的美丽,同时伴随着风险,"多迈出一步便会摔下去。"

案例分析

著名研究人员曼弗雷德·施皮策尔(Manfred Spitzer)提出"你的大脑便是你"的理论。就与定价相关的选择而言,如果潜在购买者的大脑是其中起到决定性的器官,那么对于营销和定价(尤其是定价),确定什么样的产品会在消费者大脑中产生热情,以及以什么样的价格,消费者大脑会记录或将记录下购买这些产品的信号就变得至关重要。

如果不是加州斯坦福大学的布莱恩·克努恩(Brian Knutson)和他的同事们借助fMRI(功能性核磁共振成像)脑部扫描研究了其中一些问题,这一切都还仅停留在理论层面。

这种研究方法可在接收到输入信号时确定大脑中哪些区域被激活。

在脑部扫描仪的工作下,实验志愿者面临真实的购买决策。在第一次测试中,某团队通过镜子将商品图像投射到扫描仪上。受测者越喜欢刚展示的产品，就会有越多的血液流向大脑中称为伏隔核的区域。

有趣的是伏隔核的活动通常发生在大脑期待"奖励"时，这也是为何大脑中这一区域被认为是大脑正反馈系统的组成部分。

商品价格会于几秒后在商品下方短暂显示。

受测者必须决定是否购买该产品。

如果价格低于受测者的最高支付价格，大脑内侧前额皮层区域活动便会增加，该区域被认为是大脑决策系统的一部分。

相反，如果价格高于受测者的最高支付价格，则内侧前额叶皮层区域便不会如此活跃。在此实验中，科学家们观测到受测者脑岛区域活动更加活跃，该区域通常与痛苦及其他基本情绪有关。

研究人员据此得出结论：受测者想要的产品会唤醒奖励区域，而高价格会导致类似于"痛苦"的情绪，在此种情况下是指"由支付带来的痛苦"。

布莱恩·克努恩和同事们已可运用脑部扫描结果来预测受测者的实际购买决定，这一发现似乎对市场营销具有一定的重要意义。

而且扫描数据的预测能力远优于传统调查。这一研究发现可运用到营销实践中。脑电图脑扫描分析算法可直接通过大脑活动测量最高意愿支付价格。

采用脑电图和功能性磁共振成像进行脑部扫描的优点是

大脑不会说谎。通过问卷调查进行市场研究会遇到的那些典型问题（如潜意识偏见、难以用语言表达情绪或有意欺骗）均可通过直接对大脑进行观测而巧妙回避。

我们现在来研究与价格相关的大脑功能的一系列特征及其对价格管理的影响。

低价不仅降低利润率

价格侵蚀的危害远不止降低利润率那么简单。如果采信传统调查结果，则多数消费者会要求低价。但人的心理在我们面前耍了一个把戏，当然市场力量不可能懂得这些。

消费者协会坚信要保护消费者不受那些故意抬价的企业的伤害，但他们并非总是站在正义一边。

实际上价格与幸福感之间的关系非常复杂。当然质量也会影响价格。但令人惊讶的是，这种众所周知的效应反过来也适用：价格也会影响质量。

两项国际知名的研究清楚证明了价格的影响：著名行为经济学家丹·阿里利（Dan Ariely）向受测者分发了假的"止痛药"（主要是单纯的安慰剂）。有一半受测者收到一本小册子，解释说他们拿到的药物是最近批准生产的止痛药，每剂售价 2.50 美元。相反，另一半受测者被告知这种药售价只有 0.10 美元。

然后受测者会接受轻度电击，以记录他们对药物的反应。前一半受测者认为的药效明显高于后一半受测者，尽管它们之间其实并无差异。

神经经济学家希尔克·普拉斯曼（Hilke Plassmann）在另一项研究中走得更远。她让受测者参与品酒，在脑部扫描仪帮助下分析受测者大脑的反应。

在普拉斯曼的实验中，同样的酒分装两只箱子，一箱中的酒以 10 美元一瓶价格出售，而另一箱中的酒则以 90 美元一瓶价格出售。

根据受测者的反馈，售价更贵的葡萄酒味道好一倍。不仅如此，脑部扫描还显示，与售价便宜的葡萄酒相比，品尝售价更高葡萄酒的受测者大脑中与积极情绪相关的区域被强烈激活。

这是个人体质差异的问题吗？还是由对品质期待所导致的？或者又是一种投射到物体上的潜意识偏见？

"便宜没好货""一分钱一分货"，老话中的智慧言犹在耳。

低价不仅对企业赢利能力有害，而且对消费者对产品质量的认知也会产生负面影响。

更高价格会带来更多利润，也会带来更多满足感，并最终带来更好的生活质量——这是企业在权衡是否调价及如何调价时应牢记的结论。

时间与价格的关系

我们的大脑其实是个"急性子"。

在理性和抽象层面上，选择能提供最大价值的东西是合理的。

同样，我们会认为一个工人更愿意把钱投在养老基金上，以确保有尊严的晚年，而不是把所有钱都花在消费品和假期上，以至退休时囊中羞涩；我们也会认为学生更喜欢在两周内吃两顿免费餐，而不会选择只能在固定的一天吃一顿免费餐。

在一项实证研究中，受测者可选择三种类型的奖励：一种有限但可即时享有；另一种价值更高但需时更久。

绝大多数人决定选择立即生效的 10 美元优惠券，而非 2 个月后才能有效的 100 美元优惠券。

即使面临立即赢得 100 美元或 3 年后赢得 200 美元的选择，多数受测者还是选择了前者。

短期奖励显然会产生一种可立即享受的印象，使选择（价值较低但可更早享受）更具吸引力。

这也是为何许多人宁愿选择现在消费而非为晚年储蓄。从心理学角度来看，这与对死亡、疾病的恐惧有关。

这可能也是许多保单在长期利益实现之前或有可能获得保费之前被退保的一个原因。

从神经定价的角度来看，这意味着与客户的直接利益相关的促销更有可能促使客户接受要求的价格，效果比积分活动要好很多。

第 11 章 神经定价

当付费引起痛苦时

研究已证明产品价格是由大脑中感知疼痛的部分进行权衡的。因此,价格和支付可能都在脑中被同化为负面的感受。最有趣的一个方面在于负面感受的强度与其说取决于绝对金额,不如说取决于购买所带来的好处。

让我们假设一下,我们预计要花 20 万美元购买一套正在建造的公寓,尚未到装修阶段。

建筑商会告诉我们,更个性化的设计意味着更高成本,我们会亲自感受到。

如果在拿到钥匙前,房价上涨了 25%(装修厨房、客厅、浴室和卧室的全部额外费用导致了涨价)。如果公寓达到我们的预期,痛苦将相当有限。

反之亦然,假设我们以 5 美元的价格从一家三明治店点了一个汉堡,但在合理等待和饥饿感增加之后,可能咬到第一口就开始失望了,委婉地来说,这意味着这个汉堡根本不能令我们满意。比较而言,直接影响如下:这项小支出造成的痛苦将远远大于我们对未包括在估算中但用于家具的额外 5 万美元带来的感受。当我们坐下来,喝着冰镇啤酒,听着酷酷的爵士乐,环顾这座我们尽力装饰的精美公寓时,沉浸于安静之中,我们还可看到楼下的万家灯火。而这与我们的满足感相关,我们露出微笑。

因此痛苦是来自失去的感觉,而非所失去因素的总和。

产生这种现象的原因在于大脑有平衡积极和消极情绪的机制。因此，进入一套符合我们自己审美的新公寓时的喜悦压倒了其他情绪：一切似乎都是"积极的"，我们将看到我们买的家具，这要归功于建筑商提供的降价优惠，如浴室或厨房里的那些家具。

汉堡的案例则与此相反，由于饥饿感，我们的期望很高，而且与原始需求有关。我们已在期待多汁汉堡的美味，而等待似乎加强了我们对味觉盛宴的期望。5美元的价格看上去也很"合理"。但结果却相反，在咬过第一口之后，期待烟消云散，失望随之而来，脱口而出的"啊！"使积极情绪转变为相反的消极情绪，因为大脑的疼痛中枢被"我真的为这样的汉堡买单吗？"这样的想法被激活和强化了。这并非一个存在主义问题，而是一个非常现实的日常问题。

更重要的是，这段糟糕的回忆不会很快消失，那家汉堡店将被你永远拉入心里的"黑名单"。

同理，当消费者认为商品价格不合理时，其为之付费时产生的"痛苦"也会更加强烈。

回到新公寓的案例，入住一个月后，你已经习惯了崭新厨房、超大浴室和舒适的装潢，这是一个正常、让人愉快的居住环境，正是我们生活、吃饭、微笑和招待挚友的地方。最初的热情已消失不见，但我们适应了新环境且心情舒畅。

汉堡店服务员可能已注意到顾客厌恶的表情，除非他们派人送餐上门。顾客咬过第一口之后，如果他注意到顾客的失望，他本可以采取行动来改变顾客的消极感受和其他更持久的看法。

如果服务员及时免费提供不同汉堡或其他食物，就可大大减少顾客感受到的痛苦。顾客会感受到店里的优质服务，并可能还会成为长期忠实顾客。这些都是"如果"，仔细想想，我们所有的日子都是这样的。我们在十字路口选择向左或向右，然后会感觉到失望，采取行动并改正；但我们并未意识到这种感觉将永远留在记忆中。

这取决于我们如何填补我们所定义的外部，让必要的东西出现，然后在此基础上采取行动，我们搭建的这个美妙而独特的边界将我们与世界联结在一起。

广泛的服务范围会抑制购买

在（太多）相互冲突的选择中，"不选择"占优势。当选择太多时，我们的大脑便会停止购买本能。

这一点在加利福尼亚一家超级市场进行的一项实验中得到证实。在实验中，顾客面前摆有多达 24 种不同类型的威尔金父子（Wilkin & Sons）牌果酱。

实验的初衷是观察顾客购买行为，观察他们在品尝各种果酱后是否会购买他们认为"最美味"的果酱。

顾客品尝不同果酱的兴趣很快被点燃，许多顾客在超市一个特殊角落停下来品尝。尽管如此，在所有尝过果酱的人中，最终只有有限的 3% 决定购买。

当只用 6 种不同类型果酱进行实验时，结果很明显：尽管所展示商品的吸引力不如之前，但约有三分之一的品尝者决定购买它们。从 3% 到 33%！这可是相当可观的增长。

一种解释与顾客潜意识有关。面对广泛的选择，他们会体验到一种复杂性，这种复杂性会增加他们做出错误选择的风险感知，从而放弃购买。

相反，如果减少选项，顾客所需做的决策便不会那么复杂，因此做出错误选择的风险也不会太大，从而降低顾客的戒备心理，有利于促成购买行为。

环境影响价格感知

环境对价格感知和支付意愿都有相当大的影响。我们很容易观察到在节假日外出购物时，多数购物者消费会比为满足日常需要而进行的每周购物自由得多。

我们适应自己所处的"特殊"环境，在此种情况下，我们在购买时不会过分关注价格。我们发现每周在超市购物的一些消费者会比较不同种类意大利面的价格，可能仅为节省 10—20 美分而选择商店自有品牌，而他们在度假或同伴侣在餐厅用餐时，也会点特制的高价葡萄酒，甚至都不看价格。

因此经验丰富的销售人员会去构建适合购买行为的环境和氛围，以提升潜在客户支付意愿，并将顾客价格感知降至最低，使其与在售商品不再产生关联。

大脑做出本能决策

随着平板电脑和"智能"电话（智能手机）的普及，越来越多的信息随手可及。但在客户购买活动中，这会使选择变得复杂。为更好地在专业和私人环境中评估价格，我们可应用一些启发式规则（简化决策过程的方法），这可以帮助我们节省时间。

其中有两种主要方法。

第一种是"识别启发法"：在两个元素之间的选择，无论是产品还是服务，我们总会选择那些我们认识的东西，那些看起来与我们所熟悉的物品"相似"的东西。

第二种是"意愿启发法"，他基于意愿或通过经验想起的案例频率。这相当于一种直观的统计推断，只是统计样本来自我们从经验中存储的记忆。

"识别启发法"的本质是找到"熟悉"的东西，例如一种蛋糕。专门研究新产品的特定属性或了解它们并没有多大用处，我们只需熟悉另一种通用产品或将其投放市场的品牌就足够了，以便做出购买决策。因此如果消费者熟悉费列罗巧克力（Ferrero），他们倾向于从其生产商处购买新产品，而不会从其竞争对手瑞士莲（Lindt）处购买新产品。

与此相对，"意愿启发法"机制是基于那些引导购买的证据，通过查看多数其他消费者购买的东西，构建一个指导方针，在某种程度上可理解为买方需要坚持的建议，有时跟随另一个看起来特别精明或出于某种原因"精明"的买家就行了：看看他们往超市手推车里放什么，然后选择同样的产品。顾客可能更倾向于亲友或权威人物的产品，或者（正如社会营销前沿领域的研究告诉我们的那样）一个有影响力的人可能买过的产品。

那些打算从最高意愿支付价格中获利的企业如果能接受顾客的"启发式选择"，便会具有先发优势。这样它们就可以直接提供信息和报价，以促使顾客购买它们的产品。

小结

神经科学（尤其是神经定价）有助于理解全新的未来人类购买模式（无论有意识还是无意识）。

神经定价能帮助企业破译客户购买决策背后潜意识层面的原因，从而更好优化相应定价策略以增加销量、提高产品接受度或向顾客宣传产品质量。

运用脑电图进行脑部扫描的分析算法可直接根据大脑活动计量最高意愿支付价格。脑电图和功能性磁共振成像等技术的优势在于，大脑不会说谎。

通过问卷调查开展市场研究遇到的那些典型问题（如潜意识偏见、难以表达情绪、与其说是自我误解不如说是自欺欺人、在信息基础上构建参照系等)可通过直接观测大脑活动来避免。牢记与大脑在价格方面运行方式相关的一系列特征,以及这些特征对价格管理的影响,企业可据此优化其定价策略并在今后引导顾客的选择。

第三部分
如何在市场竞争中胜出

12

第 12 章
新定价模式的成功

客户购买的不是产品,而是他们所感知到的价值。

——彼得·德鲁克

第 12 章　新定价模式的成功

经典案例

　　假如你来自一家有着 30 年历史的优质企业，企业营业额高达 40 亿美元。利润率接近 20%，企业拥有一系列具有国际知名度且备受市场欢迎的产品。如同梦幻一般，这正是多数企业家和管理者的抱负和目标。

　　然而有一天，你醒来后发现自己好像陷入一场噩梦。公司高管层宣布彻底颠覆现有营收模式。从明天起，公司产品不会再像过去那样销售。一种多数人尚不知晓的新型赢利模式将被引入，而这将危及公司 30 年来艰难发展所带来的稳定成果。

　　但意想不到的事情发生了（生活就是在你忙于制订其他计划时发生的事情）。营收模式一经颠覆，公司便重新开始，并且比以前增长更快，利润更高！

　　这是位于美国加利福尼亚州圣何塞的 Adobe 公司的真实案例。当我们想到订阅领域的成功案例，我们首先会想到的公司是领英等，而不是 Adobe。这是错误的。事实上这家以 Photoshop（图片处理）等产品而闻名的软件公司是该领域最成功的先驱之一。

　　自 2013 年开始公司便从基于产品的营销模式转变为订阅

模式。

Adobe以往以实体形式出售他们的设计和出版的软件，这些产品以永久许可证的形式打包和分发，客户只需支付一次，然后便可永久使用该软件。该模式利润颇丰，Adobe的净利润率达到19%。但这种不灵活的商业模式也有一些缺点。

此种模式不允许企业与用户建立永久关系，也不允许用户获得软件更新。这也是它阻止Adobe提供持续创新改进，并由此产生持续收入可能性的原因所在。

该种解决方案彻底转向Adobe Creative Cloud（奥多比创意云），这是一种基于"云"服务的订阅模式，取代了旧有光盘和许可证销售模式。通过使用"云"服务，用户可即时获得软件更新，还可享受一系列新的线上服务。赢利方式从一次性支付1800美元变成每月50美元购买整项服务（或每月花19美元购买单个应用）。

在大规模宣传活动帮助下，这一改变取得了巨大成功。Adobe在2013年推出新营收模式时市值达到225亿美元。到2021年，公司市值已升至超2690亿美元，年营业额达160亿美元。

如何通过新营收模式取得成功

为应对变化，我们需要预测时机，我们自身也必须成为变化的一部分。本书的重点是：我们如何改变自身营收模式和组织形式，从而在竞争中占据优势（在这个社会经济处于剧烈转型的时期更是如此）。

让我们试着在这一切中建立一些秩序，总结我们到目前为止所看到的内容，将其简明归纳到以下几个段落中，以解释即将到来的定价模式变革。

成功采用新的赢利方式意味着得到3个关键问题的明确答案：

（1）顾客的感知价值如何？一旦确定了客户需求（作为起点这再好不过），了解产品价值的来源有助于得出结论，即从营收模式角度来看哪些可用来实现赢利。

（2）应如何设定赢利方式？必须明确新的赢利方式（可研究企业所处理过的实际案例，以了解自身优势、劣势及具体特质），以便充分掌握感知价值。

（3）如何启动公司营收模式变革？从概念到事实：必须克服疑虑和阻力，必须将固有营销模式转变为创造变革紧迫性的动力。

现在让我们来看一下对各种变革引擎的具体分析。

1. 识别感知价值

顾客的感知价值如何？这一问题应是进行有关赢利思考的起点。

我们理所当然认为所有想要做大做强的公司都能创造价

值。如果顾客无法感知价值，便不会愿意支付。另外，公司必须能通过创新定价模式收获这种"价值"。

正如我们所见，在许多情况下，为洗衣机、发动机、药品、音乐专辑或戏剧表演付费已成为过去时。

基于财产交换的模型绝非最优，且无法收获提供给顾客的全部价值。

如今我们知道"真正"的需求是光洁闪亮的盘子，而并非是去拥有使之成为可能的工具，正如"真正"的需求是乘坐将我带到确定目的地的飞机，当然不是要拥有将我带到目的地的飞机引擎！

我们在第一章中所描述的技术进步引发了企业赢利方式的根本变化。对企业而言，了解顾客使用产品方式并验证实际效果，这意味着可能会出现新的战略优先事项组合。

得益于现代技术的发展，我们可追踪产品使用情况，了解产品使用环境及其应用，从而为量化解决方案及与之相关的价值奠定基础。

2. 设定新的赢利方式

应如何设定新的赢利方式呢？

一旦感知价值及顾客使用产品方式或使用时间等要素得以确定，我们便可继续定义新的赢利模型，以充分实现感知价值。

我们的目标当然是获客，消除其所有的购买障碍。时至今日，所有权（传统营收模式的核心）被众多顾客视为购买的主要障碍：顾客或许认为获得产品所有权的成本过高，或可能担心此种成本可能与产品使用情况不匹配。

但企业还有一系列选择可以用来克服这些障碍，从而鼓励顾客进行购买。在前面章节中，我们已了解到多种主要创新定价模型。

通过跟踪使用情况，企业可分解产品价值要素，同时使产品易于被客户接受（同时买得起）。如通过为多个客户提供访问平台，或者当卖家向顾客提供整个产品时，要求他们仅需支付使用费。

3. 改变营收模式

我们该从何处着手改变企业营收模式？若要在当今竞争激烈的环境中取得成功，我们必须思考一个基本问题：现有的赢利方法是否足以确保企业的利润和增长，或者是否需要引入一种全新的营收模式？

要找到这一问题的答案，企业首先要对现有营收模式进行分析，以确保其能最大限度地利用顾客的支付意愿。

成功企业会分析各种收入模式，有时还会试行新的赢利方式，以了解定价应用及公司在售产品或服务是否需要改进及以何种方式改进。

有时评估结果可能会共用多种模型，这在短期内可能会导致组织内部发生冲突，而在中期，它们可能会为多个客户群提供更好指导，同时创造出竞争优势。

惠普公司的情况便是如此，其营收模式随着名为"Instant Ink"[①]订阅服务的推出而转变。过去打印机墨水只能通过交易方式获取，涉及所有权从惠普公司转移到客户，所有问题都与难以预测墨水何时用完和开始寻找新墨盒有关。相反，使用 Instant Ink 服务可获得自动送货服务，将墨盒直接送到您的手上。

当打印机处于开机状态并连接到网络时，惠普会监控墨水量。"智能"打印机因此会识别墨水量，并在墨水完全用尽前自动从惠普订购新墨盒。彻底解决了没有墨水的风险以及由此产生的所有麻烦。用户只需注册该服务，便无须从零售商处购买墨盒。

这些都是日常细节琐事，但对于节省我们最宝贵的财产（时间）却尤为重要！

这正是营收模式为客户提供的价值，不再与墨盒销售挂钩，而是与特定时间内打印的页数挂钩。

该服务自 2013 年推出，到 2022 年订阅用户数量已增至超 1000 万。新营收模式取得了显著成功，与传统墨盒购买模式并驾齐驱。

一方面，惠普设法为客户提供更多选择，得益于新型营

---

① 一种自动化家庭墨水补充服务，来满足不同用户配置文件的需求。——译者注

收模式，这使得通过满足潜在需求赢得新市场份额成为可能。另一方面，惠普可能在短期内牺牲了墨盒销售部分份额，在其营销团队和零售商之间制造出新的紧张关系，此时零售商不再充当直销中介角色。

涉及营收模式形式的决策取决于其能为顾客创造的价值、竞争环境以及组织能够向新赢利方式转变的速度。从此种意义上说，取得成功的关键在于企业克服变革阻力的程度。

改变赢利方式的经验教训

从 Adobe 的案例中我们可以学到很多东西，了解如何成功引入新的营收模式并对公司服务进行彻底变革。

尽管如此，这种转变并非一蹴而就。Adobe 凭借 30 年的经验，才能做出让客户满意，对用户有说服力的转变。公司通过对商业模式进行有效审视，精心策划了这场变革。随后该公司启动一项进程，最终使其成为订阅经济领域毋庸置疑的领导者。

以下是我们可从这个营收模式转变案例中吸取的 6 点收获。

1. 制定包含切实目标的清晰愿景

Adobe 高管层拥有清晰的愿景：基于所有权的传统模式将成为公司增长的负担。在未来，创新顾客获取产品方式才应是优先发展方向。因此 Adobe 为其提供的订阅服务创建一系列新的指标，为利益相关各方提供指导并信守承诺。公司经营目标包括到 2015 年拥有 400 万订阅用户，并增加年度经常性收入。根据财务总监马克·加勒特（Mark Garrett）的说法，这些里程碑式的改变引起了投资者对公司长期目标的兴趣。反过来，他们也为公司明确"SaaS 业务是 Adobe 的未来"做出了贡献。

2. 坚持走自己的路

Adobe 向新营收模式的转变在当时并未受到热烈欢迎。与之相反，多达 3 万名 Adobe 公司软件用户签署一份请愿书，要求 Adobe 放弃向 SaaS 业务的转变。然而公司高管层依然坚信公司向 SaaS 业务转变有助于公司提供更好产品、方便更新、让运行速度更快也更安全，并且还可定期改进。SaaS 模式的确立也是为拓展客户群体，从而扩大营收。Adobe 做出决策，坚持下来直至成功。公司在遇到困难时并没有停下脚步。这也是自我信念力量的一个鲜明案例。

3. 不要强制转变或让客户感到意外

Adobe Creative Cloud 和 Creative Suite（创意组件）服务最初于 2012 年 4 月推出。首个订阅版本为用户提供服务以及可供购买的传统软件，后者直至 2017 年才被取消。

在这两种服务同时存在的 5 年时间里，订阅服务提供了多个版本，后来才成为用户的唯一选择。公司这样做的目的是确保过渡期发生的任何转变都不会令用户感到意外。其实他们早在 2011 年 11 月便向利益相关者公布了转变的意图。不久之后 Adobe 开始通知用户为他们（正使用）的 Creative Suite 服务下线做好准备，并于 2013 年 5 月正式宣布他们将不再开发 Creative Suite 产品并下线（尽管会继续对其进行维护）。

4. 积极与股东和用户沟通

在向订阅模式过渡之初，Adobe 向用户发布一封公开信，就即将到来的变化进行沟通。公司领导层知道，如果没有现有忠实客户的支持，就不可能有效完成向基于订阅的业务模式的转变。作为一家上市公司，他们也承认在整个转变过程中，除现有客户群体之外，他们还需向利益相关者进行详细解释并保持持续沟通。

5. 考虑到方方面面的转变并做好不断适应的准备

Adobe 将这项新服务视为一种完全创新的产品，换句话说，是其原有产品的真实"数字体验"。

加勒特表示："将业务迁移至云端改变了我们设计产品、运营、上线的方式，也包括我们的商业模式。"Adobe 将产品和相关功能视为一个真实的生命周期（包括营销流程、分析、广告和交易）。换言之，Adobe 不再坚持"墨守成规"。相反，他们将向 SaaS 业务的转变视为重塑和重新引入产品和服务的一种方式。

由于 Adobe Creative Cloud 是面向从个人到大公司的一系列客户提供服务，一开始自由职业者和业余爱好者尤其对其价格结构不满意。"Adobe 正在剥削小企业、自由职业者和普通消费者。企业似乎并未意识到，并非每家公司都是价值数百万美元、拥有无限资源的跨国公司。"请愿书上如此写道。

用户们的激烈反应并未被忽视。公司听取了这部分用户的抱怨，并作为回应推出了性价比更高的图像软件版本。在此案例中，公司并未反击，而是倾听用户的想法，与他们建立联系，此举也被证明颇受欢迎。综上所述，Adobe 将向 SaaS 业务的过渡视为公司的一次大的转型，而且与多数成功的公司转型一样，这需要时间，需要吸收利益相关者的反馈，并通过不断朝着新目标迈进来实现。

6. 持续创造价值

Adobe 接受了用户的挑战，并将其转化为提升价值的机遇。加勒特表示："向新营收模式转型的公司必须为用户持续提供价值，并且必须创造旧模式中不存在的价值新来源。企业不能'新瓶装旧酒'。"Adobe 云产品能够吸引新的消费者，也能帮助维系众多现有客户。

📋 小结

合适的定价模型是确保商业成功的一项首要因素。如模型设定合理，将促进公司繁荣发展。相反，如果模型管理不善，甚至会导致整个公司破产。

在赢利方面，卓越远远超出了对产品组合中单个产品价格的优化管理。适当的赢利模式意味着战略、目标、定位以及治理、工具和所有与公司文化有关的流程的一致性（最终表现为营收模式，进而转化为价格）。

因此若要通过营收模型获得成功，必须解决以下3个关键问题：

（1）顾客的感知价值如何？

（2）应如何设定赢利方式？

（3）如何启动公司营收模式变革？

若想成功转变赢利模式，企业应重视以下关于营收模式转变的6点经验：

（1）制定包含切实目标的清晰愿景；

（2）坚持走自己的路；

（3）不要强制转变或让客户感到意外；

（4）积极与股东和用户沟通；

（5）考虑到方方面面的转变并做好不断适应的准备；

（6）持续创造价值。

营收模式进化，我们将其定义为定价模型变革，在不久的将来会成为企业面临的一项主要挑战。你准备好加入这场变革了吗？